JN139510

災害の時代に立ち向かう

中小企業家と自治体の役割

岡田知弘・秋山いつき 著

自治体研究社

はじめに

戦後最大の災害となった東日本大震災から五年が経過しました。その後の集中復興期間に二五兆円の復興予算が国民の負担によって投じられました。けれども未だに一八万人近くの被災者が避難生活を続けています。私たちは、発災時から巨大公共事業や規制緩和による企業誘致を軸とする「創造的復興」は、被災地域外の企業を潤わせる惨事便乗型復興になるだけであり、何よりも「人間の復興」、すなわち被災者とその家族が従事する中小企業、農林漁業の生業と住宅の再建を優先すべきだと繰り返し指摘してきました。残念ながら、少なくない被災地で「創造的復興」による第二次被害が拡大しているといえます。

他方で、非被災地では震災の風化が進んでいます。とりわけ東京圏では「アベノミクス」による低金利・マイナス金利政策もあり、不動産バブルが起こり、国家戦略特区による高さ規制緩和も手伝って、臨海部も含めて高層ビルラッシュとなっています。

しかし、多くの地震学者が警告しているように、日本列島は一九九〇年代半ば以降「活動期」に入っており、向う三〇年の大地震発生確率は、首都直下地震七〇%、東海地震八八%、東南海地震七〇%、南海地震六〇%程度となっています。火山の噴火や津波災害に加え、それらにともなう原発やコンビナート等、危険施設の誘発事故も懸念されるところです。

さらに、二〇一四年の広島市内での土砂災害、二〇一五年の鬼怒川水害に代表されるような洪水、土砂災害も、列島上のどこかで毎年発生しています。これは、地球温暖化による集中豪雨の高頻度化、農林業の衰退による国土保全機能の弱体化、市町村合併による自治体の災害対応力の脆弱化など、さまざまな要因によるものといえます。

このような大災害の時代において、いかに被害を少なくし、ひとたび災害が起こったとしても最も大切な人間の命を守り、人間らしい暮らしをできるだけ早く取り戻す取組みが必要不可欠になっているといえます。それは、国や地方自治体だけではできません。とくに、地域の経済や人びとの暮らしを日常的に担っている中小企業や農林漁家、協同組合、ＮＰＯなどが主役となって、自治体と連携しながら、災害時及びその後の復旧・復興過程において自覚的に自らの経営と地域経済社会の再建を同時に追求してはじめて可能になるものです。それは、この間の阪神・淡路大震災や中越震災、東日本大震災の被災地で、現に行われていたことでもあります。私は、これを「災害の時代における自治体と中小企業との戦略的連携」と呼んでいます。

本書の第一の目的は、その戦略的連携がなぜ必要なのか、またどのような連携方法があるのかを、東日本大震災の激甚被災地である岩手、宮城、福島三県での経験から学びながら明らかにすることにあります。

第二に、地域社会、経済の復元力の主体は、被災者でもあり、現に地域経済・社会の圧倒的部分を担ってきた中小企業や小規模事業所（商工業や建設業だけでなく、医療、福祉サービス業や農林漁業経営体など幅広い業種に及びます）です。その復元力の源がどこにあるかを、激甚被災地において驚異的な事業再開率を実現している中小企業家同友会に所属している中小企業経営者の皆さんの震災体験と、自らの企業と地域の再建に挑む具体的な姿を取材や各種レポートから再現することによって明らかにしたいと思います。その際、経営者の皆さんの生身の人間としての生き方や思いにも触れながら、「人間の復興」の主役はこのような地域貢献型の中小企業・経営体であることを示してみたいと思います。

これらの目的を果たすために、本書は大きく三部で編成されています。Ⅰ部では、「災害の時代」のリスクを具体的に示したうえで、東日本大震災の現況と、中小企業の事業再開状況を分析し、中小企業家同友会会員企業の再開率の高さに注目します。つづくⅡ部では、岩手県陸前高田市と宮城県気仙沼市を震災後繰り返し調査や復興ボランティアで訪れていた秋山いつきさんに、「二都物語」としてルポルタージュを書いてもらいました。「壊滅的打撃」を受けた二つの街で、経営者たちが社員とともにいかに立ち上がり、自らの経営だけでなく地域の復興に積極的に取り組み、仲間の企業とともに事業再開を成し遂げていったかを丁寧に描きます。Ⅲ部では、まず、原発事故災害を受けた福島県浜通り地域での同様の取組みを紹介したうえで、中小企業家同友会会員企業の事業再開率の高さの要因を分析しています。最後に、東日本大震災後、災害対応も念頭に置いて全国的に広がりつつある中小企業振興基本条例や公契約にもとづく公共調達政策の創造的工夫を紹介するとともに、そのような動きに逆行し、制約を加える可能性が強いＴＰＰ（環太平洋連携協定）の危険性と問題点についても言及します。

本書が、被災地だけでなく、災害リスクに備えた地域づくりを行おうとしている地方自治体関係者や住民、そして普段から地域を元気にし、人間らしい経営体を創ろうとしている中小企業経営者や関係団体の皆さんにとって何がしかの参考になれば幸甚です。

最後になりましたが、本書の刊行にあたっては、被災地の中小企業経営者や中小企業家同友会、同全国協議会の皆さんはじめ、多くの方々のお世話になりました。改めてお礼を申し上げる次第です。

二〇一六年三月

執筆者を代表して　岡田知弘

目　次

目次

I

大災害からの復元力と地域の中小企業

岡田知弘

1　災害の時代における被災地の復元力とは

1　災害の時代に入った日本列島

二〇一一年三月一一日、北海道から関東地方の太平洋岸を、大規模地震と巨大津波が襲い、さらに福島第一原発事故による核災害が起きてしまいました。死者・行方不明者数は、戦後災害史上最悪の一万八五五〇人に達しました。このほか、住宅・事業所・公共施設の流焼失、農地の大規模塩害等、甚大な物的被害をもたらしました。そのうえ、福島第一原発事故により、今も広域かつ長期にわたる放射能汚染被害が続いています。

震災から五年近く経った二〇一五年一二月時点においても、全国で一八万人の被災者が避難生活を送っています。そのうち福島県民の避難者数は約一〇万人（うち県外四・四万人）に達しています。しかも、深刻なのは「震災関連死」の多さです。一五年九月末日までに、一都九県で合計三四〇七人に達しており、うち六六歳以上の高齢者が約九割を占めています。都県別にみると、福島県が全体の六割に及ぶ一九七九人となっています（復興庁調べ）。東日本大震災と福島第一原発事故の影響が、いかに大きくかつ深刻であるかが、わかります。

誰もが、このような大震災は再び起こってほしくないと考えています。しかし、私たち人間が住んでいる地球、そして日本列島自身も自然史的な運動をする存在であり、プレートや断層が動き、またマグマ活動が活発になるというのは必然的なことです。現に、『防災白書』によると、明治時代に入ってからだけでも**表1**のような地震被害が続いています。ここで注目したいのは、奥尻島災害で有名な一九九三年の北海道南西沖地震以来、人命に関わる地震が相次いでいることです。地震学者の石橋克彦さんは一九九四年に『大地動乱の時代』（岩波新書）を出版して、来るべき地震に備えるよう警告しましたが、翌年に阪神・淡路大震災が起き、六〇〇〇人以上の犠牲者がでました。

しかも、文部科学省地震調査研究推進本部によると、二〇一二年一月一日現在での、今後の大規模地震の発生確率は**図1**のようになっています。向こう三〇年間の地震発生確率は、海溝型の日本海溝・千島海溝周辺海溝型地震が九九％、東海地震が八八％、東南海地震が七〇％、南海地震が六〇％となっているほか、直下型地震の首都直下地震が七〇％程度と予測されています。つまり、今後、首都圏から太平洋ベルト地帯の大都市圏、そして北海道から四国に至る太平洋岸で、大地震と津波被害が起きる可能性が大変高くなっているのです。

政府の「首都直下地震対策検討ワーキンググループ最終報告」（二〇一三年一二月一九日）によると、マグニチュード七クラスの都心南部直下型地震が起きた場合、揺れによる全壊家屋が約一七・五万棟、

表1　明治以降の日本における主要な被害地震

災害名		年月日	死者・行方不明者数
濃尾地震	(M8.0)	1891(明治24)年10月28日	7,273人
明治三陸地震津波	(M8.25)	1896(明治29)年6月15日	約2万2,000人
関東大地震	(M7.9)	1923(大正12)年9月1日	約10万5,000人
北丹後地震	(M7.3)	1927(昭和2)年3月7日	2,925人
昭和三陸地震津波	(M8.1)	1933(昭和8)年3月3日	3,064人
鳥取地震	(M7.2)	1943(昭和18)年9月10日	1,083人
東南海地震	(M7.9)	1944(昭和19)年12月7日	1,251人
三河地震	(M6.8)	1945(昭和20)年1月13日	2,306人
南海地震	(M8.0)	1946(昭和21)年12月21日	1,443人
福井地震	(M7.1)	1948(昭和23)年6月28日	3,769人
十勝沖地震	(M8.2)	1952(昭和27)年3月4日	33人
1960年チリ地震津波	(Mw*9.5)	1960(昭和35)年5月24日	142人
新潟地震	(M7.5)	1964(昭和39)年6月16日	26人
1968年十勝沖地震	(M7.9)	1968(昭和43)年5月16日	52人
1974年伊豆半島沖地震	(M6.9)	1974(昭和49)年5月9日	30人
1978年伊豆大島近海の地震	(M7.0)	1978(昭和53)年1月14日	25人
1978年宮城県沖地震	(M7.4)	1978(昭和53)年6月12日	28人
昭和58(1983)年日本海中部地震	(M7.7)	1983(昭和58)年5月26日	104人
昭和59(1984)年長野県西部地震	(M6.8)	1984(昭和59)年9月14日	29人
平成5(1993)年北海道南西沖地震	(M7.8)	1993(平成5)年7月12日	230人
平成7(1995)年兵庫県南部地震	(M7.3)	1995(平成7)年1月17日	6,437人
平成16(2004)年新潟県中越地震	(M6.8)	2004(平成16)年10月23日	68人
平成20(2008)年岩手・宮城内陸地震	(M7.2)	2008(平成20)年6月14日	23人
平成23(2011)年東北地方太平洋沖地震	(Mw*9.0)	2011(平成23)年3月11日	2万1,839人

＊Mw：モーメントマグニチュード（岩盤のずれの規模をもとに計算したマグニチュード―著者）

注：1．戦前については死者・行方不明者が1,000人を超える被害地震、戦後については死者・行方不明者が20人を超える被害地震を掲載した。

2．関東地震の死者・行方不明者数は、理科年表（2006年版）の改訂に基づき、約14万2,000人から約10万5,000人へと変更した。

3．兵庫県南部地震の死者・行方不明者については平成17年12月22日現在の数値。いわゆる関連死を除く地震発生当日の地震動に基づく建物倒壊・火災等を直接原因とする死者は、5,521人。

4．東日本大震災の死者（震災関連死含む）・行方不明者数については平成27年3月1日現在の数値。出典：理科年表、消防庁資料、警察庁資料、日本被害地震総覧、緊急災害対策本部資料

資料：『防災白書　平成27年版』2015年。

図１　大規模地震の発生確率

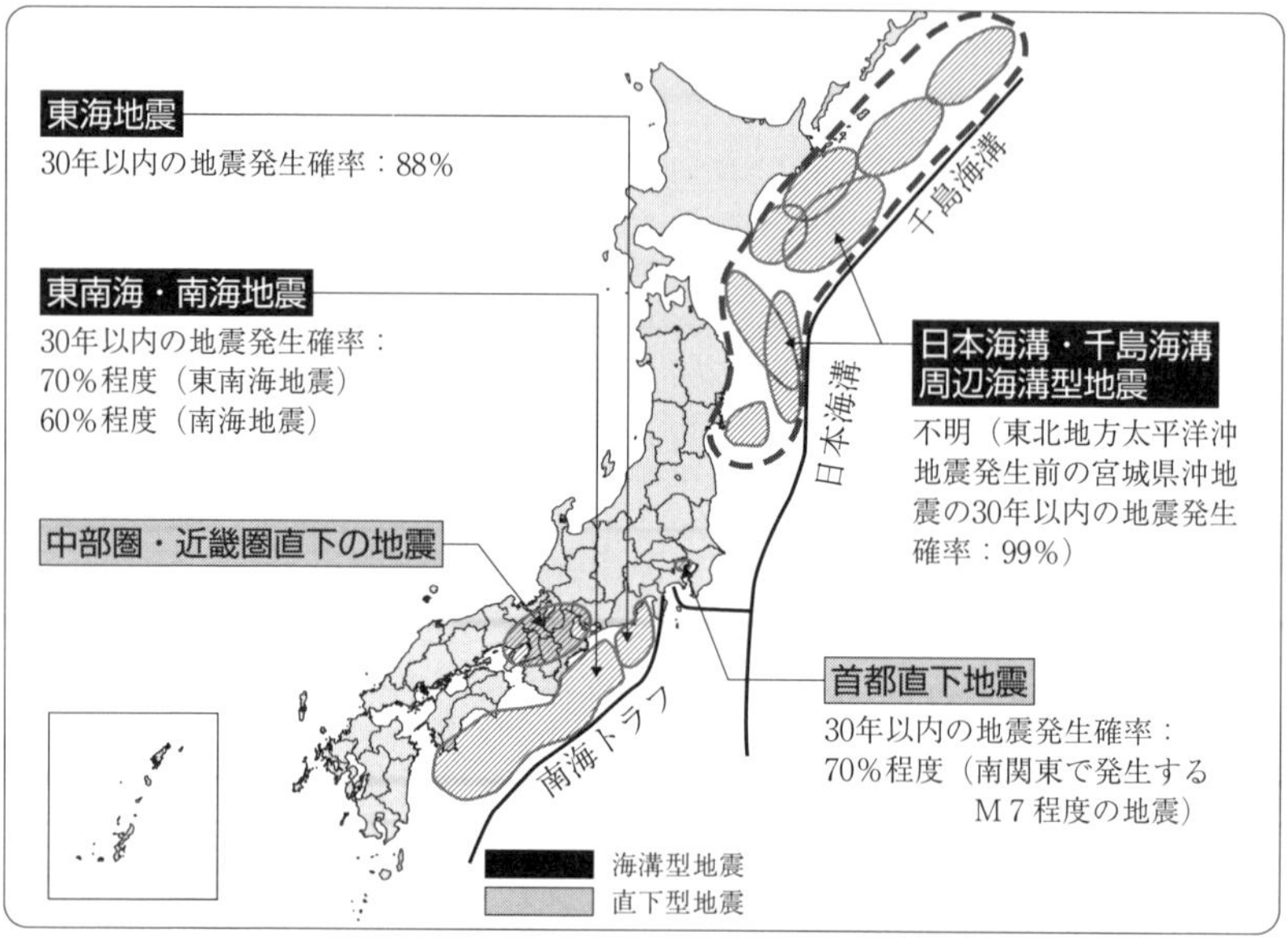

地震発生確率は文部科学省地震調査研究推進本部による（2012年1月1日現在）
資料：第４回防災対策推進検討会議配布資料１－１（内閣府政策統括官作成資料）、2012年２月１日。http://www.bousai.go.jp/kaigirep/chuobou/suishinkaigi/4/pdf/1-1.pdf

建物倒壊による死者が一・一万人、建物被害に伴う要救助者が最大七・二万人、火災による建物焼失が四一・二万棟、死者は最大一・六万人と想定されています。そのほか、発災直後には都区部の五割が停電し、上下水道も五割が断水、地下鉄は一週間、私鉄・在来線は一か月程度運休、港湾の復旧も数か月を要し、燃料も末端までの供給が困難になるとされています。この結果、建物等の直接被害が約四七兆円、生産・サービス低下の被害が約四八兆円、経済的被害は合計九五兆円と見込まれています。これに加え、政府や民間企業、金融機関の中枢機能へのダメージは、計り知れないものがあります。

また、同じく、政府の「南海トラフ

巨大地震対策検討ワーキンググループ（第一次報告）」（二〇一二年八月二九日）によると、マグニチュード九クラスの南海トラフ地震にともなう東海、東南海、南海地震の連動災害で、最悪のケースで死者三二・三万人、全壊建物二三八・六万棟、津波の浸水域人口一六三万人に達すると予想されています。さらに、一三年三月一八日に発表された同ワーキンググループ（第二次報告）によると、最大一六九・五兆円の建物・施設等資産の直接被害と生産・サービス低下の被害四四・七兆円が見込まれています。被害想定規模が大きいのは、大阪都市圏や名古屋都市圏など、西日本の大都市圏を含むからです。しかも、南海トラフに面した海岸線近くには、浜岡原発、伊方原発や複数のコンビナート群が立地しており、東日本大震災と同様、あるいはそれ以上の複合災害が起きる可能性があります。

最近、名古屋大学の地震学者である山岡耕春さんが『南海トラフ地震』（岩波新書、二〇一六年）を出版しました。山岡さんは、この本のなかで、富士山をはじめ火山噴火や直下型地震の連動についても歴史的事実をもとに警告し、南海トラフ地震を「宿命の巨大地震」と称して警告を発するとともに、その備えをするように訴えています。

以上のような地震、津波、火山噴火災害だけではありません。毎年のように、台風、集中豪雨、土砂崩れ、竜巻、雪害が日本列島のどこかを襲い、多大な犠牲者と被害を生み出しています。広島市の北部水害や鬼怒川水害は、記憶に新しいところです。

つまり、今や、日本列島は災害の時代に入っており、いつ、どこで、どのような自然災害が起きても不思議ではありません。どの地域も被災地になりうるのです。

2 国の大地震防災対策と憲法視点

当然、国の方でも、災害対策を強化してきています。とくに、東日本大震災を機に、海溝型連動地震、あるいは首都直下地震を想定した防災対策に力を入れています。

南海トラフ地震については、二〇一三年一一月に「東南海・南海地震に係る地震防災対策の推進に関する特別措置法」を改正し、「南海トラフ地震に係る地震防災対策の推進に関する法律」が制定されました。現在、同法に基づき、一都二府二六県七〇七市町村を「南海トラフ地震防災対策推進地域」に、津波避難対策を特別に強化すべき地域として一都一三県一三九市町村を「南海トラフ地震津波避難対策特別強化地域」に指定しています。指定された地域では、国が定めた「南海トラフ地震防災対策推進基本計画」（二〇一四年三月）に基づいて地方自治体による「南海トラフ地震防災対策推進計画」及び「津波避難対策緊急事業計画」、民間の施設管理者等による「南海トラフ地震防災対策計画」を作成することとされています。

国の地震防災対策の柱は、次のようになっています。

1　地震対策

①建築物の耐震化、②火災対策、③土砂災害・地震災害・液状化対策、④ライフライン・インフラ施設の耐震化等

2　津波対策
①津波に強い地域構造の構築、②安全で確実な避難の確保
3　総合的な防災対策
①防災教育・防災訓練の充実、②ボランティアとの連携、③総合的な防災力の構築、④長周期地震動対策
4　災害発生時の対応に係る事前の備え
①災害対応体制の構築、②救助・救援対策、③医療対策、④消火活動等、⑤緊急輸送のための交通の確保・緊急輸送活動、⑥食料・水、生活必需品等の物資の調達、⑦燃料の供給対策、⑧避難者等への対応、⑨帰宅困難者等への対応、⑩ライフライン・インフラの復旧対策、⑪保健衛生・防疫対策、⑫遺体対策、⑬災害廃棄物等の処理対策、⑭災害情報の収集、⑮災害情報の提供、⑯社会秩序の確保・安定、⑰多様な空間の効果的利用の実現、⑱広域連携・支援体制の確立
5　被災地内外における混乱の防止
①基幹交通網の確保、②民間企業等の事業継続性の確保、③国及び地方公共団体の業務継続性の確保
6　多様な発生形態への対応
7　さまざまな地域的課題への対応
①高層ビル、地下街、百貨店、ターミナル駅等の安全確保、②ゼロメートル地帯の安全確保、③

原子力事業所等の安全確保、④石油コンビナート地帯及び周辺の安全確保、⑤沿岸部における地場産業・物流への被害の防止及び軽減、⑥文化財の防災対策

また、二〇一五年三月末には、国の中央防災会議幹事会で「南海トラフ地震における具体的な応急対策活動に関する計画」が決定されました。これは、**図2**にあるように、地震発生後七二時間以内での対応を、緊急輸送ルート、救助・消火活動等、医療活動、物資調達、燃料供給及び防災拠点に関する活動内容に分けて、具体的に定めています。

一方、首都直下地震についても、二〇一三年一一月に「首都直下地震対策特別措置法」が制定され、南海トラフ地震対策と同様に、政府が防災対策の「緊急対策推進計画」を策定するとともに、指定された地震緊急対策区域の地方自治体は「緊急対策実施計画」の策定が求められています。現在、一都九県三〇九市町村が同区域に指定されています。

首都直下地震についても、二〇一五年三月末に「首都直下地震緊急対策推進基本計画」改訂版が決定されました。それらをまとめた**図3**を見ると、南海トラフ地震対策との相違は、第一に、行政、金融、民間企業本社等首都中枢機能の継続性の確保を最優先にしていること、第二に、「事前防災」として「地震に強いまち」を戦略的に形成するために、建築基準の規制緩和を行いながら、「国土強靭化」の名の下で巨大な建設投資を注ぎ込もうとしていることにあります。また、第三に二〇二〇年のオリンピック東京大会に向けた防災視点を入れた社会資本整備や観光客対策を重視していることも特徴点

図2　南海トラフ地震における具体的な応急対策活動に関する計画の概要

救助・救急、消火等
◎重点受援県以外の37県の広域援助部隊の派遣（最大値）
・警　察：1.6万人
・消　防：1.7万人
・自衛隊：11万人 等
◎航空機620機、船舶470隻
医　療
◎DMAT（登録数1,323 チーム）に対する派遣要請、陸路・空路参集、ロジ支援、任務付与
◎被災医療機関の継続・回復支援（人材、物資・燃料供給等）
◎広域医療搬送、地域医療搬送による重症患者の搬送
物　資
◎発災後４～７日に必要な援助物資を調達し、被災府県の拠点へ輸送
・水：応急給水46万m3
・食料：7200万食
・おむつ：600万枚
・簡易トイレ等：5400万回 等
燃　料
◎石油業界の系列を超えた供給体制の確保
◎緊急輸送ルート上の中核SS等への重点継続供給
◎拠点病院等の重点施設への要請に基づく優先供給
国は、緊急対策本部の調整により、被害の全容把握、被災地からの要請を待たず直ちに行動（プッシュ型での支援）
応援
緊急輸送ルート、防災拠点
◎人員・物資の「緊急輸送ルート」を設定、発災時に早期通行確保
◎各活動のための「防災拠点」を分野毎に設定、発災時に早期に確保
後方支援
巨大地震でも被害が想定されない地域
巨大地震では被害が想定されている地域
重点受援県
静岡県、愛知県、三重県、和歌山県、徳島県、香川県、愛媛県、高知県、大分県、宮崎県
4割
2割
3割
1割
中部地方
近畿地方
四国地方
九州地方
【被害規模の目安】
具体計画のポイント
①人命救助に重要な72時間を意識しつつ、緊急輸送ルート、救助、医療、物資、燃料の各分野でのタイムラインと目標行動を設定（例：24hで広域移動ルートを確保、広域応援部隊が順次到着、等）
②広域応援部隊、全国の応援DMATの派遣は、被害が甚大な地域（重点受援県10県）に重点化

資料：『防災白書　平成27年版』2015年。

です。

　一方、南海トラフ地震と首都直下地震の政府の対策では、共通して「自助」「共助」「公助」という考え方に立っています。災害対応についての個人・家族の「自助」、町内会や集落などの近隣組織による「共助」、地方自治体や国による「公助」の役割分担を明確にする発想です。しかし、いったん大災害に襲われると、自分あるいは家族の命や健康な身体、そして近隣社会や会社が多大な被害を受け、場合によっては東日本大震災のように市役所や町役場機能も失

図３　首都直下地震緊急対策推進基本計画の概要

1. 緊急対策区域における緊急対策の円滑かつ迅速な推進の意義に関する事項

○首都中枢機能の継続性の確保は必要不可欠
・首都中枢機能の障害は災害応急対策に大きな支障を来すおそれ
・加えて、我が国全体の国民生活や経済活動にも支障が生じるおそれ

○予防対策・応急対策で被害を大きく減少させることが可能
・耐震化率100％で全壊棟数・死者数が約９割減、感震ブレーカー等の設置や初期消火成功率の向上等で焼失棟数・死者数が９割以上減

➡ 予防対策・応急対策の計画的・戦略的実施

2. 緊急対策区域における緊急対策の円滑かつ迅速な推進のために政府が着実に実施すべき施策に関する基本的な方針

(1)首都中枢機能の確保
・首都中枢機関の業務継続体制の構築
・首都中枢機能を支えるライフライン及びインフラの維持
(2)膨大な人的・物的被害への対応
・あらゆる対策の大前提としての耐震化と火災対策、深刻な道路交通麻痺対策等、膨大な数の避難者・帰宅困難者等
(3)地方公共団体への支援等
・国は、調査研究成果を始めとする各種情報の提供、助言等を実施
(4)社会全体での首都直下地震対策の推進
・社会のあらゆる構成員が連携した「自助」「共助」「公助」による被害の軽減に向けた備え
(5)2020年オリンピック・パラリンピック東京大会に向けた対応
・外国人観光客の避難誘導対策など安心して大会に参加・観戦できるよう取組強化

3. 首都直下地震が発生した場合における首都中枢機能の維持に関する事項

(1)首都中枢機能の維持を図るための施策に関する基本的な事項
・首都中枢機能及び首都中枢機関～政治中枢：国会、行政中枢：中央省庁・都庁・駐日外国公館等、経済中枢：中央銀行・企業本社等
・首都中枢機関の機能目標～発災直後においても最低限果たすべき機能目標を設定
・政府全体としての業務継続体制の構築：非常時優先業務の実施に必要な執行体制、執務環境の確保について緊急対策実施計画に定める。
・金融決済機能の継続性の確保、企業本社等における事業継続への備え
(2)首都中枢機能の全部又は一部を維持することが困難となった場合における当該中枢機能の一時的な代替に関する基本的な事項
・政府の代替拠点の検討、代替庁舎の確保等
(3)ライフライン及びインフラの維持に係る施策に関する基本的な事項
・ライフライン及び情報通信インフラの機能目標　・施設の耐震化・多重化や早期復旧体制の整備等
(4)緊急輸送を確保する等のために必要な港湾、空港等の機能の維持に係る施策に関する基本的な事項
・交通インフラの機能目標　・施設の耐震化や早期の道路啓開、復旧体制の整備等
(5)その他　・各主体が業務継続計画を作成・見直し

4. 5. 6. 法に基づく各種計画に係る事項

4．首都中枢機能維持基盤整備等地区の指定及び基盤整備等計画の認定に関する基本的な事項
・首都中枢機能維持基盤整備等地区指定の考え方（首都中枢機関の集積状況等を勘案）※別添参照
・地方公共団体が作成する基盤整備等計画の認定基準
5．地方緊急対策実施計画の基本となるべき事項
・都県知事が作成する地方緊急対策実施計画に記載すべき地震防災対策、災害応急対策・災害復旧への備え、住民の協働等の対策等
6．特定緊急対策事業推進計画の認定に関する基本的な事項
・地方公共団体が作成する特定緊急対策事業推進計画の認定基準

7. 緊急対策区域における緊急対策の円滑かつ迅速な推進に関し政府が講ずべき措置

(1)首都中枢機能の継続性の確保 → 3．参照
(2)膨大な人的・物的被害への対応
①計画的かつ早急な予防対策の推進
・建築物、施設の耐震化の推進等
・出火防止対策、発災時の速やかな初期消火、延焼被害の抑制対策等
・ライフライン等の耐震化、発災時の速やかな機能回復
・燃料の供給対策
・交通インフラ、河川・海岸堤防等の耐震化、発災時の速やかな機能回復
・その他（集客施設・原子力事業所・石油コンビナート等地区の安全確保等）
②津波対策
③円滑かつ迅速な災害応急対策、災害復旧･復興への備え
・災害応急体制の整備　・道路啓開と道路交通渋滞対策
・市街地火災への対応　・救命・救助、災害時医療機能
・膨大な数の避難者・被災者
・膨大な数の帰宅困難者等
・広域連携のための防災拠点、交通基盤の確保
・物資の絶対的な不足に対応した物資輸送機能の確保
・的確な情報収集・発信　・実践的な防災訓練
・多様な発生態様への対応
・円滑な復旧・復興
④各個人の防災対策の啓発活動
・適切な避難行動、車両の利用抑制、備蓄等
⑤企業活動等の回復・維持
・事業継続計画の作成、地域貢献等
(3)2020年オリンピック・パラリンピック東京大会に向けた対応
・施設の耐震化、外国人観光客の避難誘導等
(4)長周期地震動対策（中長期的対応）
・高層建築物等への影響等の専門的検討

8. その他　(1)計画の効果的な推進　別途応急対策の具体計画を作成　(2)災害対策基本法に規定する防災計画との関係

資料：『防災白書　平成27年版』2015年。

われることになります。そこで決定的なことは、国には被災者である国民や住民の生存権を守る責務があるという憲法二五条の規定であり、生存のための財産を守り（憲法二九条）、国民の幸福追求権を最大限尊重する（憲法一三条）という、重大な責任があるという点です。これは、原発事故で全町避難を余儀なくされた福島県浪江町の馬場有町長が強く指摘していることです（岡田知弘・自治体問題研究所編『震災復興と自治体』自治体研究社、二〇一三年、第一二章）。災害時だからこそ、この憲法の観点から国が全面的な責任を果たすべきであり、地方自治体も住民の福祉の増進という最大のミッションを遂行すべきなのです。

上記の点は、阪神・淡路大震災以降、住宅再建保障制度や憲法に基づく災害復興基本法の制定を求めている津久井進弁護士と、知事時代に鳥取県西部地震を体験し、国内初の住宅再建助成事業を実施した片山善博氏との共著『災害復興とそのミッション―復興と憲法』（クリエイツかもがわ、二〇〇七年）で、強調されているところです。

3　「人間の復興」と被災地の復元力及び地域内再投資力

もちろん、防災から復旧、復興まで、すべてのことを国や地方自治体のみが実施すべきだといっているわけではありません。公務員が大きく人員削減されるなかで、いざというときに周囲に国や地方自治体の出先機関、公務員がいない地域の方が多いといってよいでしょう。それでも最終的な責任を国や地方自治体が負わなければならないということです。そのうえで、被災地では、生命の危機を回避するために、住民や地域コミュニティ、企業も、それぞれの条件に応じて、何らかの取組みをすることが否応なく求められます。

ただ、その際に、「復興のための復興」を目標にしても意味がありません。復興において最も重要なことは、被災者自身の「人間らしい生活」の再建です。そのためには、道路・鉄道・港湾・空港及び建造物、公共施設の再建や、その「事前復興」にいくら力を入れても足りません。肝心なことは、生活を支える産業や生業、そして住宅や医療・福祉・教育サービスも含めて一体として地域社会・経済が再建されることであり、そこで人々が明日への希望をもって生きる展望を見いだすことです。関東大震災の復興をめぐって、後藤新平による帝都復興計画を批判し、被災者の生活（営生）の機会の復興、すなわち「人間の復興」こそ重視されなければならないとした福田徳三東京商科大学教授の提起は、現代にも通じる普遍性をもっているといえます。この点については、拙著『震災からの地域再生』（新日本出版社、二〇一二年）を参照していただきたいと思います。

このような視点から先の計画を見てみると、企業に対しては、災害発生時、復旧時における生産、物流、配給等についての連携協力を求め、さらに被災に備えて「事業継承性の確保」のために「ＢＣＰ（事業継続計画）」の策定を求めています。しかし、事前の想定とは異なる形で、災害現象は発生します。昼の災害か、夜の災害か、あるいは地震被害、津波被害、洪水被害、噴火被害等のどの災害形態かによっても、被災の仕方が異なってきます。さらに、単独の企業だけでは対応できない問題も多数存在します。そのような想定を超えた被害状況に直面したとしても、柔軟に再生できる力こそ、地域社会には求められているといえます。

大矢根淳さんらの『災害社会学入門』（弘文堂、二〇〇七年）によると、この災害からの復元力＝回復力（レジリエンス resilience）については、米国の社会学研究で注目されてきたそうです。同書のなかで浦野正樹さんは、米国では一九九〇年代からハリケーン被害等の被害拡大のメカニズム研究がなされてきたそうですが、その後社会・経済・文化構造の中に潜む「社会的脆弱性」の研究がなされるとともに、災害からの地域の復元力の概念が見いだされたと述べています。浦野さんによると、この復元力とは「地域や集団の内部に蓄積された結束力やコミュニケート能力、問題解決能力などに目をむけていくための概念装置であり、それ故に地域を復元＝回復していく原動力をその地域に埋め込まれ育まれていった文化のなかに見ようとするものでもある」（四〇頁）といいます。

筆者が専門としている地域経済学の視点から見るならば、この復元力の経済的主体の存在、そしてその回復力が問われることになります。結論を先取りすれば、災害からの復旧・復興にあたっては、被災地において被災者の生活を支える地域産業と雇用、生業を再建すること、すなわち被災者が主体として直接関わる地域内再投資力の再建こそが必要になります。

というのも、一般的に地域が形成・再生産される条件は、その地域の経済主体（企業、農家、協同組合、NPO、そして地方自治体等）が毎年投資を繰り返すことにあります。そうなれば、所得と雇用が毎年生み出され、生活や景観が再生産されることになります。とくに、農林漁業への再投資は国土の保全効果も高めます。筆者は、これを「地域内再投資力」と概念化しています（詳しくは、拙著『地域づくりの経済学入門』自治体研究社、二〇〇五年を参照してください）。

現に東日本大震災の被災地では、Ⅱ部で詳しく紹介しているように、中小企業者、農家、協同組合、NPOによって、そのような自律的な取組みが数多く見られます。その際に復興資金や義捐金等が地域内に経済循環するようにすること、そして被災地外からの資本参入を管理し、被災地の地域内再投資力と地域内経済循環に寄与する仕組みをいかに形成するかが、政策論的には問われているといえます。また、地方自治体や国が公共調達を工夫することで、地元中小企業への発注額を増やし、地域経済と住民の生活再建に資することも意識化されなければなりません。さらに、貨幣的側面だけでなく、地元の森林資源を仮設住宅や住宅用部材として活用したり、再生可能エネルギーを地域で循環させるといった、素材やエネルギーの循環を組織することにより、自然と人間社会の安定的関係を再構築することも重要な課題となります。

4　なぜ、中小企業・生業の再建が優先されるべきなのか

では、なぜ中小企業や農林漁業を含む生業の再建が優先されるべきなのでしょうか。それは、第一に、国民、住民の多くが中小企業や生業の経営者、従業員、家族であることにあります。東日本大震災前の二〇〇九年の「経済センサス」結果（表2）によれば、激甚被災地である岩手県、宮城県、福

島県において、中小企業は全企業数の九九・八～九九・九％、事業所数の九五・一～九七・九％、そして従業者数の八九・四～九五・〇％を占めています。全国平均でも、企業数の九九・七％、従業者数の七五・三％を中小企業が担っているのです。したがって、中小企業は、地域経済、そして日本経済を担う圧倒的な投資主体であるといえます。農山漁村地域では、これらの中小企業に、農林漁家という投資主体が加わります。

第二に、上記の中小企業の経営者や従業員、その家族や農林漁家は、単に経済的な担い手にとどまらず、町内会やＰＴＡ、消防団といった地域コミュニティ組織の担い手でもあります。国境や県境を越えた広域人事異動がある大企業の社員とは異なり、ほとんどの経営者や従業員、その家族は地域社会を維持するための多様な組織に加わり、役員や事務局も引き受けて、地域コミュニティの維持に貢献しています。

第三に、地域の伝統芸能や祭り、食文化等を継承し、それぞれの地域での精神的な活力を生み出す役割を果たしているのも、中小企業や農林漁家関係者であることも、重要な点です。

これらの役割を総括して、二〇一〇年六月に閣議決定された「中小企業憲章」では、「中小企業は、経済を牽引する力であり、社会の主役である」と明言しています。

私は、これらの役割に加えて、Ⅱ部で具体的な事例が紹介されているよ

表２　中小企業の比重　(単位：％)

	企業数	事業所数	従業者数
岩手県	99.9	97.9	95.0
宮城県	99.8	95.8	90.1
福島県	99.9	95.1	89.4
全国	99.7	91.3	75.3

注：資本金規模10億円未満を中小企業としている。
資料：総務省「平成21年　経済センサス」。

うに、地域の中小企業がもつ災害対応力、あるいは前述のことばを使うと地域社会の回復力としての役割があると考えています。これは、阪神・淡路大震災においても指摘されたことですが、地域の被災した中小企業や商店が、重機を持ち出して道路のがれきを自主的に除去して避難路や補給路を確保したり、あるいは在庫の水、食料品、灯油等の生活必需品を無償あるいはワンコインで店先販売したりして、助け合いました。これは、東日本大震災の被災地でも、数多くなされたことです。

ちなみに、阪神・淡路大震災から一〇年後に、兵庫県が復興一〇年委員会を設けて、検証しました。その結果、震災後三年間に集中した復興需要一四・四兆円（うち公共投資三割）のうち、九〇％が被災地外に流出したことがわかりました。これについて、同委員会は、地元への発注率がより高ければ、復興も早まっていたかもしれないと指摘したうえで、「資金の被災地への循環も考慮に入れれば、地域の供給能力の向上が平時から政策的に意図される必要がある」と述べています（兵庫県復興一〇年委員会『阪神・淡路大震災　復興一〇年総括検証・提言報告』二〇〇五年）。これは、実に興味深い指摘です。

ひとつは、「創造的復興」を掲げて、神戸空港や高速道路、地下鉄、そして大規模都市再開発などを実施した復興事業の波及効果が、被災地域内にはほとんど波及せず、被災地外に流出したということです。この点は、同じく、「創造的復興」を掲げた東日本大震災でも、復興資金の流用問題として、塩崎賢明さんが『復興〈災害〉』（岩波新書、二〇一四年）で、鋭く告発したところでもあります。

もうひとつの教訓は、平時から地域の供給能力を高めておくことの意味です。これは、地域経済・

社会のなかで、建設業、小売業、サービス業、製造業等、多様な業種の中小企業、小営業、そしてそれらの協同組合が多様な経済活動とともに、災害時に助け合うような日常的な地域づくりの取組みをするよう、政策的に工夫することを意味しているといえます。

実は、そのような防災、あるいは災害対応力を考慮する形で、いま全国各地で中小企業振興基本条例の制定が進んでいます。とくに、東日本大震災は、被災地も含めて、道府県レベル、及び基礎自治体レベルで、一八〇を超える自治体が、中小企業振興基本条例を制定し、同条例に基づく地域づくりに取組みつつあります。また、岩手県のように、公契約に関わる基本条例も制定し、自治体による工事発注や物品・サービス発注を、地域経済振興に結び付けようという自治体も全国で二〇近くになってきています。

このような政策的な動きが広がりつつあるなかで、本当に中小企業にそのような回復力や地域内再投資力を期待できるのかという疑問も少なからずあります。次に、この点について東日本大震災の激甚被災地の復興経過をみながら検討したいと思います。

2 東日本大震災被災地における生活・産業再建と中小企業

1 人口減少に悩む被災地

最近、二〇一五年一〇月一日時点での国勢調査の速報値が、発表されました。表3は、東日本大震災の激甚被災三県のなかで、被災前の二〇一〇年一〇月一日時点と比較して人口減少率が大きかった市町村のデータを示しています。県合計の減少率は、岩手県三・八%、宮城県〇・六%、福島県五・七%となっており、宮城県を除いて全国平均の減少率〇・七%を大きく上回っています。とくに、福島県の減少率が、二〇〇五〜一〇年の減少率を上回っていることに留意したいと思います。

市町村別の減少率を見ると、福島県では、避難指示区域になっている富岡町、大熊町、双葉町、浪江町で一〇〇%、飯舘村で九九・三%となっています。表にはでてきませんが、自治体内に避難指示区域がある葛尾村で九八・八%、楢葉町で八七・三%、南相馬市で一八・五%の減少になっているほか、避難指示区域が解除された川内村で二八・三%、広野町で二〇・〇%の減少となっています。復興

表3 激甚被災3県の国勢調査人口減少率（2010～2015年）

減少率順位	岩手県	減少率	宮城県	減少率	福島県	減少率
1	大槌町	23.2%	女川町	37.0%	富岡町	100.0%
2	陸前高田市	15.2%	南三陸町	29.0%	大熊町	100.0%
3	山田町	15.0%	山元町	26.3%	双葉町	100.0%
4	葛巻町	13.2%	七ヶ宿町	13.9%	浪江町	100.0%
5	野田村	10.9%	気仙沼市	11.7%	飯舘村	99.3%
県合計	2010～15年	3.8%		0.6%		5.7%
	2005～10年	4.0%		0.5%		3.0%

資料：各県発表「平成27年国勢調査速報」から作成。

庁『復興の現状』（二〇一六年一月一九日）によれば、一五年一一月末時点での国直轄除染事業の進捗率は、宅地で浪江町二七％、双葉町六三％、南相馬市六四％、富岡町七四％に留まっているほか、農地ではさらに低く、南相馬市二四％、浪江町三六％、富岡町五一％、双葉町五六％となっています。放射能除染の遅れが、住民の帰還と生業再建を困難にしていることが、この数字からも見ることができます。ともあれ、原発が立地していた浜通り地域の人口減少が甚だしく、県内外へ被災者が移動したり、震災関連死をとげていることがわかります。ちなみに、県内市町村で人口増加率が高いのは、中通り南部にある西郷村で二・八％増、浜通りのいわき市で二・一％増、相馬市で二・〇％増、中通りの大玉村で一・三％増、福島市で〇・六％増となっています。

宮城県では、県の平均人口はそれほど減少していません。これは、他県の被災者のみなし仮設住宅も集中している仙台市で三・五％（三万六一九九人）の増加となっているほか、沿岸部の名取市で四・九％、岩沼市で一・二％、さらに内陸部で仙台近郊に近くトヨタ自動車等が立地する大和町、富谷町、大衡村や利府町などで一三・五

%から五・六%の高い増加率を記録しているからです。しかしながら、表で示したように、沿岸部の激甚被災地であった女川町で三七・〇%減のほか、南三陸町で二九・〇%減、山元町で二六・三%減、気仙沼市で一一・七%減となっており、気仙沼市を除き、山間部の過疎地域である七ヶ宿町の一三・九%減を上回っています。

最後に、岩手県では、大槌町の減少率二三・二%が最大で、これに陸前高田市の一五・二%、山田町の一五・〇%、野田村の一〇・九%減が続いており、三陸海岸地域での人口減少が目立っています。大槌町や陸前高田市は、町役場や市役所も水没した自治体で「壊滅的打撃」と報じられたところですが、福島県や宮城県の被災自治体と比べて、減少率は相対的に低くなっています。

同じ津波被災地である宮城県と岩手県の人口の動きを見ていると、両県の復興政策の考え方や方法の違いが反映しているように思います。村井嘉浩宮城県知事は、政府の「創造的復興」の考え方に基づき、現場の声を聴かないまま復興政策を決め、中小企業グループの復興支援事業においては沿岸部の水産業の復興よりもトヨタのサプライチェーンの復旧を優先し、また漁村の復興においても三分の一の漁港や水産加工場に絞った「選択と集中」策をとり、住宅の高台移転や高い防潮堤の建設にこだわり、結果的に復興が遅れてしまいました。

これに対して、達増拓也岩手県知事は「答えは現場にある」という考え方で、「地域の現実を見る必要があると思います。少なくとも岩手における復興にとって、規模集約・大型化、民間大手資本の導入―端的にいって〝TPP的〟な路線はまったく考えられません。岩手県のめざす人間本位の復興ということともかかわりますので、この点は、復興構想会議でもかなり時間をかけて繰り返し説明し、両論併記的な記述になった経緯があります」（『世界』二〇一一年九月号）という姿勢を貫いています。

被災後五年を機に、共同通信社が激甚被災三県の津波被害被災者三〇〇人を対象にアンケートを実施しました。それによると、地域の復興がどれだけ進んだと感じるかという質問に対して、「ほとんど進んでいない」と回答した人が一四・七％、「あまり進んでいない」とした人が三九・七％となっており、全体で過半数の五四％が「進んでいない」という感想をもっています。高台移転工事や災害公営住宅建設の遅れとともに、福島県では原発事故後の生活再建の目途が立たないことが大きな原因ではないかと報じられています（『京都新聞』二〇一六年二月一二日）。

2 農家や中小企業の被害と営農・事業再開

次に、人々の生活を支える地域産業の担い手である農家や中小企業の被害状況と営農・事業再開の進捗状況について見てみましょう。

農業については、沿岸部の農地が津波によって冠水し、塩害を受けただけでなく、内陸部でも農地や農業施設、農業用水、溜池に被害が出ました。また、福島第一原発事故による放射能汚染で、農地や牧草地、家畜の被害も広域かつ甚大なものがありました。農林水産省の調査によると、表4のように、福島県の農業経営体の三三・七％が被害を受けました。同様に、岩手県では二一・八％、宮城県で

表４　激甚被災地３県の農業経営再開割合

（単位：件、％）

	2010年 農業経営体数	被害のあった 農業経営体比率	農業経営体再開割合		
			2012年 ３月11日	2013年 ３月11日	2014年 ２月１日
岩手県	57,001	21.8	94.8	96.7	97.1
宮城県	50,741	15.3	54.2	64.6	70.4
福島県	71,654	33.7	56.0	58.7	60.9

注：2010年農業経営体数は同年2月1日時点の農林業センサス結果。
資料：農林水産省「被災３県における農業経営体の被災・経営再開状況」（平成26年２月１日現在）

は一五・三％の農業経営体がなんらかの被害を受けました。その後、二〇一四年三月一一日までの農業経営再開状況をみると、岩手県が一年目から九〇％台の農業経営体がなんらかの形で農業経営を再開しているのに対して、福島県では二〇一二年の五六・〇％から一四年の六〇・九％へと若干上昇しただけで、六割の経営体しか再開できていません。やはり、避難指示区域からの避難や農地の除染の遅れが、大きな原因になっているといえます。また、宮城県では、再開割合の向上が見られたものの、被災三年目にあたる二〇一四年の再開率は七割程度に留まっています。大震災から三年たっても、被災農業経営体の営農再開は順調とはいえないことが分かります。被災経営体が営農を再開できない理由は、**表4**の調査の一環として実施されたアンケートによれば、岩手県・宮城県では「耕地や施設が使用（耕作）できない」こと、福島県では「原発事故の影響」が最も多くなっており、他の二県との違いが明白になっています。

次に、農林漁家以外の企業・事業所の被害状況と再開過程を時系列的に見てみましょう。**表5**は、「経済センサス」に基づいて、二〇〇九年七月と二〇一二年二月時点での事業所数と従業者数の変化を比較し、各

表5 激甚被災3県における事業所数及び従業者数の変化
(2009年7月～2012年2月)

(単位：件、人、%)

	事業所数			従業者数		
	2009年	2012年	増減率	2009年	2012年	増減率
岩手県	66,009	59,984	▲9.1	546,239	512,697	▲6.1
上閉伊郡大槌町	770	212	▲72.5	4,797	1,630	▲66.0
下閉伊郡山田町	869	348	▲60.0	5,188	2,661	▲48.7
陸前高田市	1,231	657	▲46.6	6,910	4,714	▲31.8
大船渡市	2,654	2,073	▲21.9	17,326	13,559	▲21.7
釜石市	2,343	1,751	▲25.3	16,723	13,563	▲18.9
九戸郡野田村	193	159	▲17.6	1,101	947	▲14.0
宮城県	111,343	99,052	▲11.0	1,032,237	964,876	▲6.5
本吉郡南三陸町	870	270	▲69.0	5,591	2,581	▲53.8
牡鹿郡女川町	615	196	▲68.1	5,182	2,602	▲49.8
気仙沼市	4,458	2,674	▲40.0	30,491	18,386	▲39.7
亘理郡山元町	553	395	▲28.6	4,274	3,080	▲27.9
石巻市	9,016	5,826	▲35.4	65,659	48,273	▲26.5
東松島市	1,662	1,094	▲34.2	10,955	8,590	▲21.6
宮城郡松島町	668	592	▲11.4	5,154	4,175	▲19.0
多賀城市	2,509	2,048	▲18.4	21,935	18,648	▲15.0
黒川郡大郷町	390	360	▲7.7	3,751	3,213	▲14.3
塩竈市	3,271	2,746	▲16.1	21,010	18,673	▲11.1
宮城郡七ヶ浜町	578	463	▲19.9	2,909	2,588	▲11.0
福島県(注1)	101,403	90,082	▲11.2	872,919	787,467	▲9.8
双葉郡川内村(注2)	123	58	▲52.8	691	285	▲58.8
双葉郡広野町	277	135	▲51.3	2,771	1,872	▲32.4
南相馬市(注2)	3,594	2,538	▲29.4	27,957	19,922	▲28.7
河沼郡柳津町	219	199	▲9.1	1,173	979	▲16.5
大沼郡三島町	129	110	▲14.7	615	515	▲16.3
東白川郡鮫川村	176	156	▲11.4	1,037	873	▲15.8
東白川郡棚倉町	868	806	▲7.1	7,086	6,088	▲14.1
南会津郡檜枝岐村	89	83	▲6.7	345	300	▲13.0
岩瀬郡天栄村	243	227	▲6.6	2,050	1,821	▲11.2
田村市(注2)	1,852	1,640	▲11.4	13,826	12,361	▲10.6
相馬郡新地町	347	283	▲18.4	2,725	2,438	▲10.5
河沼郡湯川村	97	94	▲3.1	800	717	▲10.4
相馬市	1,915	1,826	▲4.6	16,306	14,634	▲10.3
耶麻郡北塩原村	311	256	▲17.7	1,616	1,452	▲10.1

注1：2012年の調査時点で警戒区域及び計画的避難区域であった楢葉町、富岡町、双葉町、大熊町、浪江町、葛尾村、飯舘村は、調査対象外。

注2：調査時点で警戒区域及び計画的避難区域であった区域を除く。

資料：総務省統計局「平成21年経済センサス－基礎調査」及び「平成24年経済センサス－活動調査」から作成。

県で従業者数の減少率が一〇％を超えた市町村を示しています。二〇一二年の調査では、福島県で警戒区域及び計画的避難区域に指定されていた楢葉町、富岡町、双葉町、大熊町、浪江町、葛尾村、飯舘村は調査の対象外となっており、それ以外の自治体を表出しています。これらの自治体を除いたとしても、やはり福島県での事業所数及び従業者数の減少率は三県のなかで、トップを占めます。川内村や広野町では、事業所数が半減し、従業者数も前者では六割近く減っています。また、岩手県では津波被害が酷かった大槌町で事業所の七二・五％、従業者の六六・〇％の減少となりました。これに山田町、陸前高田市、大船渡市が続いています。さらに宮城県では、南三陸町で事業所の六九・〇％、従業者の五三・八％が減少、女川町もほぼ同様の被害が出ています。これに気仙沼市、山元町、石巻市、東松島市が続いています。

Ⅱ部で採り上げている自治体は、陸前高田市と気仙沼市ですが、事業所数では前者が四六・六％減、後者が四〇・〇％減、従業者数では同じく三一・八％減と三九・七％減というように、ともに甚大な被害と事業所の減少を記録していることを記憶にとどめていただきたいと思います。

では、その後の事業再開状況は、どのようになっているのでしょうか。経済センサスでは、同一企業や事業所が、事業再開あるいは転廃業したかどうかまではわかりません。そこで、ここでは民間調査会社の帝国データバンクが、震災後の二〇一一年七月、二〇一二年二月〜一六年二月に実施した「東北三県・沿岸部『被害甚大地域』五〇〇〇社の追跡調査」を使って見ていきます。同調査は、帝国データバンクが、岩手、宮城、福島三県沿岸部の「津波被害が特に大きかった地域」と「原発事故によ

表6 被害甚大地域5000社の事業再開状況推移

（単位：%）

		2011年6月	2012年2月	2013年2月	2015年2月	2016年2月
岩手県 1224社	事業再開・継続	56.1	81.6	83.9	82.8	81.5
	休廃業	11.0	16.0	16.0	17.2	18.5
	実態判明せず	32.8	2.4	0.1	0.0	0.0
宮城県 2190社	事業再開・継続	59.6	62.8	85.0	83.8	82.4
	休廃業	10.2	14.3	14.5	16.2	17.6
	実態判明せず	30.2	3.0	0.4	0.0	0.0
福島県 1205社	事業再開・継続	23.7	31.3	35.5	37.4	39.6
	休廃業	13.7	58.5	62.8	62.6	60.4
	実態判明せず	62.7	10.2	1.7	0.0	0.0

資料：帝国データバンク「第5回　東北3県・沿岸部『被害甚大地域』5000社の追跡調査」(2016年3月2日)。

る警戒区域・計画的避難区域（当時）」に本社を置いていた五〇〇四社について追跡調査を行っているものです。経済センサスが全事業所を対象にしている調査であるのに対して、帝国データバンクが捕捉している企業であるので、各地域における規模の比較的大きな企業群を対象とした調査であるといえます。そのうえで、**表6**を見てみましょう。

同表からは、岩手県では、被災一年後の二〇一二年二月時点で八一・六%が事業を再開し、一三年二月に八三・九%まで再開・継続率が高まりましたが、一六年には八一・五%へと微減したことがわかります。被災して三～四年後から休廃業した企業が増えている点が気になります。宮城県の場合も、事業再開・継続率が一二年の六二・八%から一五年八二・四%へとほぼ同様の傾向になっています。やはり休廃業率は微増傾向にあります。これら二つの県とまったく異なる動きになっているのが、福島県です。事業再開・継続率は一六年二月時点でも三九・六%に留まっており、逆に休廃業率は二〇一三年から一六年にかけて六〇%

表7　業種別事業再開状況（2016年２月時点）

	調査会社数	事業継続数	事業継続率
建設業	1,742	1,238	71.1%
製造業	614	456	74.3%
卸売業	601	470	78.2%
小売業	770	488	63.4%
運輸・通信業	244	209	85.7%
サービス業	807	579	71.7%
不動産業	85	58	68.2%
その他	141	100	70.9%
合計	5,004	3,598	71.9%

資料：表6と同じ。

台で高止まりしたままになっています。ここにも、原発事故の深刻さが現れています。

一方、この事業再開率を業種別にみると（**表7**）、運輸・通信業が八六％、卸売業が七八％となっているものの、建設業で七一％、小売業にいたっては六三％と最も低い水準になっています。福島県では多くの住民が長期にわたる避難を余儀なくされているうえ、宮城、岩手の両県の津波被災地も含めて住宅建設が遅れています。そのため人口とともに顧客が大幅に減少した地域で小売業の再開が困難な状況が広がっていることが原因であると考えられます。

もっとも、事業再開したとしても、売上や利益が震災前の水準にまで回復したわけではありません。同調査によると、二〇一四年度の売上高が震災前の二〇〇九年度水準を上回っている企業の比率は五四％でした。ただし福島県企業は、四九％に留まっています。しかも、五〇〇〇社を業種別にみると、増収企業では建設業の七三・六％が突出しており、事業再開・継続率が高かった運輸・通信業でも四〇・二％、卸売業で四三・二％に留まっているほか、不動産業で三六・七％、製造業で四二・九％、小売業で三九・〇％となっており、復旧・復興の波及効果が限られ、かつ生活再建による回復力の弱さが響いていることがわかります。

3 地域に根ざし一社もつぶさない取組みを行った中小企業家たち

このような未曾有の災害、それに続く厳しい状況下で、事業を再開し、被災地における復興の担い手として活躍している中小企業経営者の集団があります。

それは、京都大学公共政策大学院で私が主査となって震災復興研究会をつくり、当時の大学院生で、Ⅱ部の執筆者である秋山いつきさんたちと一緒に岩手県や宮城県の被災地調査を行った際に、陸前高田の八木澤商店の河野通洋《みちひろ》社長、気仙沼の八葉水産の清水敏也社長、あさひ鮨の村上力男《りきお》社長さんたちとの出逢いで、知ることができました。被災地で自らの事業の再建に関わっているだけでなく、仲間の企業と協力、助け合いながら、被災者への支援や事業再開、そして自治体と連携しながら復興計画の策定や事業化に、実に精力的かつ前向きに取り組んでいる姿に、大学院生ともども感動したことが忘れられません。その縁で、秋山さんは、翌年、長期にわたって気仙沼に滞在し、復興支援の活動をすることになりました。実は、インタビューのなかで、皆さんがすべて中小企業家同友会の会員であり、支部長などの役員であることもわかりました。私自身は、二〇〇〇年代初頭から中小企業家同友会の皆さんと、特に中小企業振興基本条例を基にした地域づくりについての研究会や学習会などの場で、お付き合いしてきたわけですが、大災害の現場で、再び同友会の会員さんの活躍を知ることになったのです。

中小企業家同友会は、一九五七年四月に東京で誕生した、中小企業経営者の会費だけで運営されている自主的団体です。以下の三つの目的に賛同し、「国民や地域と共に歩む中小企業」をめざす中小企業から構成されています。中小企業家同友会全国協議会（以下、中同協）の総会資料によれば、二〇一五年四月時点での加盟企業数は、四七都道府県で四万四四八七社であり、平均企業規模・従業員数は三〇名・資本金一五〇〇万円となっています。

①同友会は、ひろく会員の経験と知識を交流して企業の自主的近代化と強靱（じん）な経営体質をつくることをめざします。

②同友会は、中小企業家が自主的な努力によって、相互に資質を高め、知識を吸収し、これからの経営者に要求される総合的な能力を身につけることをめざします。

③同友会は、他の中小企業団体とも提携して、中小企業をとりまく、社会・経済・政治的な環境を改善し、中小企業の経営を守り安定させ、日本経済の自主的・平和的な繁栄をめざします。

東日本大震災直後から、中同協は、全国的な支援ネットワークを構築するとともに、被災地の会員企業の安否確認と事業継続、再開に向けて、被災県の中小企業家同友会組織とともに全力で取り組みました。同時に、吉田敬一駒澤大学教授を中心に、東日本大震災復興推進本部研究グループをつくり、被災地の会員企業調査を実施し、『被災地企業の実態と要望調査報告書』（二〇一三年五月）を発表しているほか、毎年の総会や研究集会で、被災地企業の取組みから学ぶ運動を続けてきています。

ここで注目したいのは、前述の調査報告書の「はしがき」での吉田さんの指摘です。宮城県でとりわけ被害がひどかった石巻、南三陸、気仙沼支部の会員のうち被災後廃業などで退会した人が極めて少なく、石巻支部の場合は七〇社のうち退会した会員が二社、南三陸支部では二九社中ゼロ、気仙沼支部では六八社中廃業したのは一社のみで、合計すると一六七社中、退会・廃業企業数はわずか三社（全体の実に一・五％）に留まっているというのです。

先ほどの経済センサスによる事業所の減少率の大きさ、また帝国データバンクの調査の事業再開率のデータを考慮するならば、極めて高い、奇跡的な数字ともいえます。

このような視点から見ると、Ⅱ部で紹介しているように岩手県の陸前高田地区の会員は「一社もつぶさない」という合言葉のもと事業再建で協力し合い、実際に廃業したのは一社に留まりました。また、福島県浜通りの原発立地地域にあたる相双地区の会員についても、被災前に九一社の会員でしたが、被災二年後には九〇社が避難先での再開も含めて事業再開しています（福島県中小企業家同友会相双地区『東日本大震災記録集　逆境に立ち向かう企業家たち』二〇一三年二月）。

では、中小企業同友会に所属する中小企業集団は、なぜ、このような高率の事業再開が可能になったのでしょうか。前述の中同協の調査によると、興味深い結果がでています。図4は、売上高増減DI（売上高が増加した企業の比率から減少した企業の比率を差し引いた値）と「震災後の経営活動で役立ったもの」とをクロス集計し、そこから「経営活動で役立ったもの」別に売上高DIを計算したものです。これによると、「経営指針の存在」が二六・七ポイントと突出しており、これに「同友会の支援・ネットワーク」の一一・七ポイント、そして「取引企業の対応」の七・三ポイントが続いてい

図4　売上高増減 DI からみた震災後の経営活動で役立ったもの

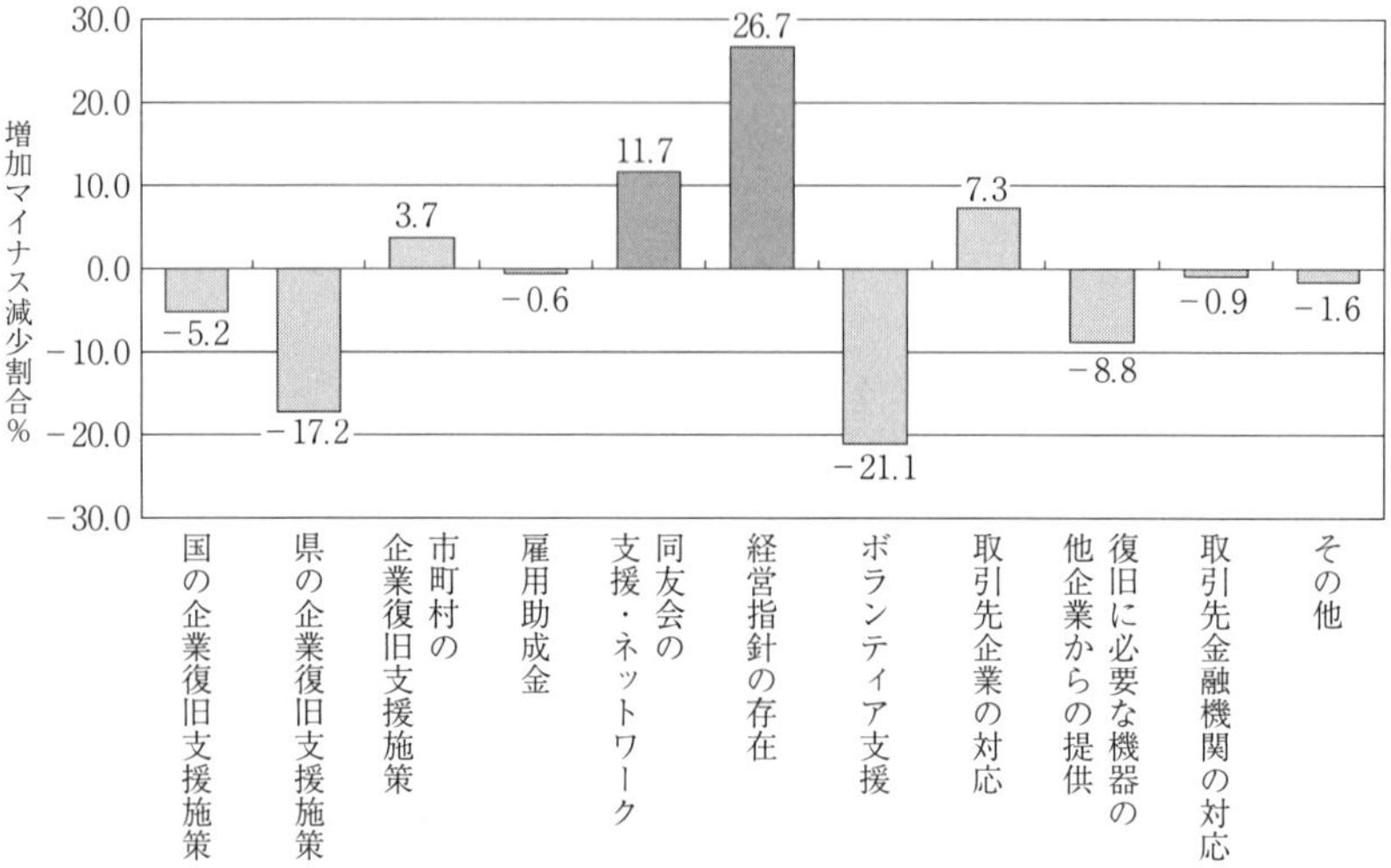

資料：中小企業家同友会全国協議会東日本大震災復興推進本部研究グループ『被災地企業の実態と要望調査報告書』2013年５月。

図5　震災前と比べた売上高の増減と売上高増減 DI（増加マイナス減少割合％）

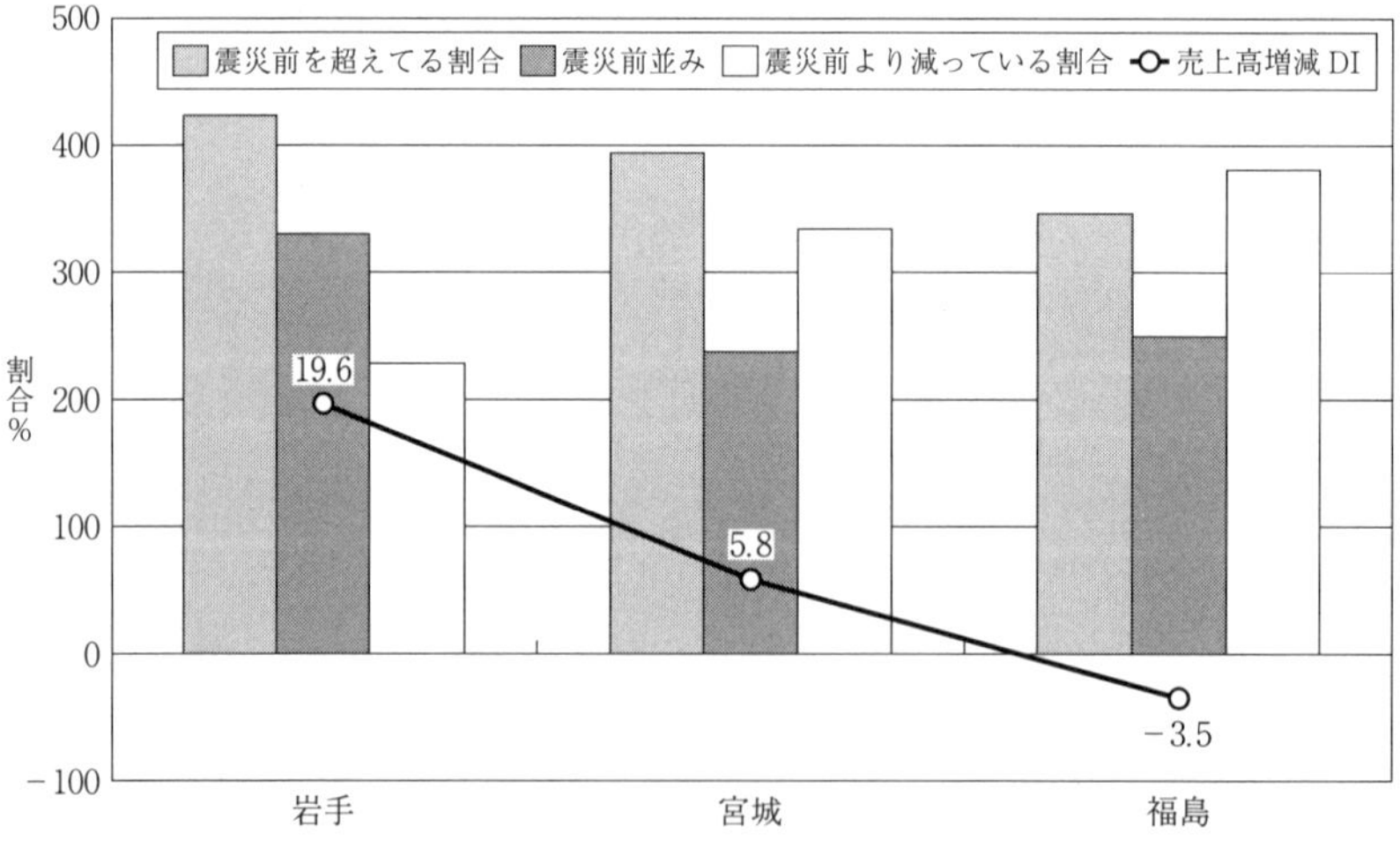

資料：図４と同じ。

ます。中同協では、定期的に景況動向調査を実施していますが、平時においても、経営指針を社員とともに作成し実践している企業ほど、業況がよいという傾向が指摘されていましたが、このことが災害時においていっそう重要であることを意味しているといえます。

ちなみに、同調査による、被災二年後の売上高の県別状況は**図5**のとおりです。岩手県での回復が最も順当で、売上高ＤＩ値も一九・六ポイントとなっています。宮城県では、五・八ポイントと全体として緩やかな回復水準だったといえますが、やはり福島県では震災前を下回る売上高の企業が最も多く、全体としてマイナス三・五ポイントとなっています。

同調査では、国や地方自治体による支援策の評価等も盛り込まれており、今後の災害対策を考えるうえで重要な教訓を見いだすことができます。この点は本書Ⅲ部で改めてみてみたいと思います。

その前に、なぜ、どのように、このような中小企業家群が想像を絶する災害に直面し、さまざまな悲しみや困難と苦闘しながら、自分たちの地域にこだわりながら、会社と地域の再建に取り組んでこられたのかを、できるだけ具体的に、人々の生きざまも含めて再現してみたいと思います。Ⅱ部では、陸前高田と気仙沼の二つの街での中小企業者たちの取組みを紹介していきます。

II

震災に立ち向かう中小企業家たち

秋山いつき

イントロダクション

東日本大震災が起こった二〇一一年四月、私は京都大学公共政策大学院に入学しました。大学院で地方自治や政策立案の手法を学び、将来公務員として社会に貢献できる人材になりたいと思っていた私にとって、入学直前に起こった東日本大震災はあまりにも衝撃的でした。被害に遭われた方たちのためにも、大学院でしっかり学ばなければ、と半人前の学生ながら感じていたことを今でも覚えています。

大学院では地域経済を教えてくださっていた岡田先生の下、有志のメンバーで「震災復興研究会」が結成されました。将来は国家公務員などを目指している学生がほとんどのこの研究会。被災地に対して何か政策提言ができないかと、日夜インターネットの情報を頼りにみんなで議論を重ねました。そして二〇一一年八月、私たちは考え抜いた政策案を引っ提げ、被災地である宮城県気仙沼市と岩手県陸前高田市に向かったのです。

現地に入り、地域の方や行政の方のお話を聞くにつれ、私たちは大きな誤りをしていることに気づきました。私たちは行政が地域のすべてを担っているものだとばかり考えており、地域の機能を取り戻すプレーヤーは行政に他ならないと思っていたのです。

しかし、実際は違っていました。大変な混乱状態にあるなか、行政も自分たちの役割を果たすことが精一杯。地域の人をまとめたり、生活の再建に向けて未来を語ったりする余裕など、どこにもありません。とはいえ、誰かがそれを担わなければ地域はバラバラになってしまいます。そんなとき、その役割を果たしていたのが、地域に根ざす中小企業だったのです。震災直後、孤立した集落へ物資を届けに回ったのも、一社も潰れさせまいと地域の経営者をまとめ上げたのも、地域の雇用と産業を守るために立ち上がったのも、すべて地域で生きてきた中小企業の経営者たちでした。絶望の淵に立ちながらも、将来への一筋の光を見失うことなく、地域の人々に生きる希望を与えながら共に再建へと歩んでいたのは、行政でもなく政治家でもなく地域の中小企業だったのです。

現地でさまざまな人の声を聞き、私たちは中小企業が地域においてどれほどの存在意義を有するのかを初めて知ることになりました。今回とり上げているのは、そのなかでもほんの一部の方たちですが、みなさま素晴らしい行動力と志を持った方々ばかりです。名だたる大企業の経営者にも負けない中小企業のリーダーシップを、読者のみなさまもぜひ知っていただければ幸いです。

1 一社もつぶさない、つぶさせない　陸前高田物語

1 地域の砦となる中小企業家同友会

◉震災直後に発揮された同友会のネットワーク力

被災地における中小企業の方々にとって、中小企業家同友会の存在は本当に心強いものでした。震災直後の二〇一一年三月一三日、岩手県中小企業家同友会（以下、岩手同友会）は、事務局四人体制で東日本震災復興本部を設置し、二日後には緊急に「復興へ向け、知恵と力を結集する集会」が三二名の参加で行われました。

そこで話し合われたのは次の五点です。

①今後復興へ向けての優先順位の確認と今後の体制について。
②企業で今何をしなければならないか。
③必要な救援・支援物資（具体的に）と搬送ルートについて。

震災直後の大船渡

④全国からの支援の声に何をお願いするか。
⑤同友会として今、どんな声を出さなければならないか。
まず自社の社員と取引先、お客様を守ることを最優先し、取引先への正確な情報提供、お客様の安否確認と情報提供、社員の生活と将来への不安をなくすこと、そして当面の営業ができないことを前提とした資金の確保を最優先で行うことが確認されました。

同友会として全員で共有したことは、「何としても四月一日の新入社員入社式はやろう。どんなことがあっても夢を語ろう」ということです。弱音を吐いている場合じゃないと、震災から二日後にもかかわらず参加した経営者たちはすでに前を向いていました。

◉中小企業の底力

最も被害が大きかった陸前高田や大船渡に同友会の復興本部が入っていったのは、三月一五日のことです。避難所名簿やさまざまな情報網から、気仙支部八〇名のうち五二名の生存が確認されました。支部会員の多くが社員や社員の家族も交えて避難生活を送っており、電気も水もなく食料も限られた状況のなかで、ともに協力しながら生活していました。まさに企業は生きる砦だということを実感したと、支部の事務局員も話します。

被災地では、中小企業の底力が次々と発揮されていました。大船渡では、震災直後であるにもかかわらず、瓦修理に歩き回っている会社や、取材に走りまわっている地元新聞社、靴下や肌着を販売する衣類店などが仕事を再開させていました。陸前高田では、焼け野原のような惨状であるにもかかわらず、「一か月後には業務を再開したいから、立ち上がるための資金支援の情報をつかんでおいてくれ」と、避難所で頼まれた設計会社もいたほどです。

国連から職員が訪れた時、「世界中の被災地で中小零細企業が町のために尽くしているところはほとんどない」と驚いたそうですが、地域において中小企業がいかに頼りになる存在であるか、今回の震災ではそれがとくに明らかになったのでした（『岩手同友会活動報告』二〇一一年三月三日）。

山形の中小企業家同友会から届いた支援物資

◉全国から次々と送られてくる支援物資

三月一七日あたりから、全国からの救援物資が次々と送られてきました。しかし、物資の分配が十分になされず、大きな避難所に偏って物資が供給されるといった事態が生じていました。地域によっては、ガソリンや軽油が全くなくなり、水も食料もほとんど届いていないといった状況に陥っていたのです。

そんなとき、全国の同友会の仲間から送られてくる軽油は、まさに

「復興の希望の光」でした。災害対策本部も把握できていないような地域に支援物資を配送するために、重機を動かす燃料が何より必要だったからです。

「二〇〇〇リットル？　本当か。それはありがたい。同友会ってなんて会なんだ。ポリ容器を今受注してつくってくれてるってよ。そんなことってあるのか」。

全国からの支援に同友会気仙支部長である田村滿社長（陸前高田ドライビングスクール経営）は声を弾ませ、多くの支部会員も感激の涙を流しました。こうした全国からの支援や激励は、被災地の中小企業を勇気づけ、さらなるパワーを生み出す源となったのです（『岩手同友会活動報告』二〇一一年三月一五日）。

◉同友会気仙支部長である田村社長

田村社長は陸前高田市内で自動車学校を経営しています。地震が発生した三月一一日の午後はちょうど教習の車に乗っているところでした。「ふらふら運転だなぁ」と思っていたら、なんと地震が起きていたのです。津波から逃れようと、高台にある自分たちの校舎や校庭に地域の住民たちも避難してきました。また、地震が起きた午後二時四六分は、路上に出ていたすべての教習車が校舎に帰ってくる時間で、運良く生徒も社員も校舎に戻ってきていました。校舎に集まった人たちは総勢二〇〇人以上。自動車学校では合宿免許のノウハウもあり、避難してきた人たちに提供できる食材があったことも、不幸中の幸いでした。

その後数日は、全国各地から合宿免許に来ていた生徒全員を全社一丸となって自宅まで帰しました。電気もなく、電話も繋がらず、インターネットも繋がらないという状況で、情報も全く入らず、すべての交通網が遮断されているなか、生徒を送り届けることは本当に大変なものでした。

◉地域の人たちのために働く

被災を免れた陸前高田ドライビングスクールは、物流、情報、人の交流拠点として機能していました。物資が届いた直後から女性陣が陣頭指揮をとり、仕分けが始まります。

事前に避難所の状況を見てきた人からの情報を整理し、

「あの避難所では今、大人用の紙おむつが不足している」

「あそこには赤ん坊がいるから、粉ミルクを三個追加」

「下着が足りないって言ってたよ」

などの声を集め、必要な物資が届けば、それらを梱包して各避難所に届けました。

大量の物資を仕分ける作業は、それだけで丸一日を要するものでしたが、このような動きを支えたのは、気仙支部会員企業の社員たちでした。そして困っている人たちの「声」を聴いてくれるのは、会社も自宅もなくなってしまった同友会の会員です。

「やることは以前とは違うけれど、やっていることはいつもと同じ」。

街がなくなっても、社屋や工場がなくなっても、地域の人たちのために働くという根本は変わらないのだと、ある社員の人は話していたそうです。

◉一社もつぶさない覚悟

盛岡にある岩手同友会の事務局が無事であったため、気仙支部はまず「一社もつぶさない」ということを念頭に動きました。

会員である経営者の方々が無事かどうかをまずは確認する必要があったため、避難所へ物資を配りに行く際には経営者がいないか聞いて回りました。そのとき、すべての金融機関のフリーダイアルをメモした紙を置いておきました。それは、いったん口座を凍結し、自動引き落としを止めてもらうためです。経営者にはまずそうした取組みをしてもらえるように努めました。

また、盛岡にいる社会保険労務士の同友会仲間に頼み、田村社長のドライビングスクールで、一時休業手当に対する助成金と雇用調整助成金についての説明会も行いました。それぞれの制度に関する細かい制度内容とメリット・デメリットなどを、経営者に理解してもらうことが必要だったからです。前者は、一時休業して社員を解雇し、雇用保険でその間の生活を守る、というものです。ここでは個人とハローワークの間で手続きが行われるため、会社にリスクはありません。一方、後者は国に対する補助金を企業が申請し、その計画が認められれば二か月後に補助金が支払われる、というものです。この場合、人件費の九割は助成金でまかなうことができるが、補助金が支払われるまでの資金のストックが必要となります。

一見、前者の方が会社にもリクスがないように思われますが、あの混乱した状況で気仙支部が選択したのは後者でした。同友会メンバーの社員のなかには、家をなくしたり家族を亡くしたりした人もいます。そうした状況において、仕事がなくても誰かの役に立っていることを実感したり、昨日まで一緒に働いてきた仲間と一緒に居られる幸せを感じたりすることを守る方が大事だと考えたのです。

◉泣きながらの説得

そこから、金融機関との連携が始まりました。まず賃金を守るために融資の申し込みをしなくてはなりません。「つぶれる」、「廃業する」、「諦める」と言い出す経営者は必ず出るから、そのときは自分に連絡してもらうよう、田村社長とともに同友会を支えてきた八木澤商店の河野通洋《みちひろ》さん（以下通洋さん）は頼みました。もし金融機関が止められないなら、必ず自分たちが止めてみせる、そういう想いでいっぱいだったのです。

あるとき、実際に金融機関の方から仲間の経営者が廃業を考えているという知らせを受けました。金融機関の方は泣きながら、

「〇〇さんが会社を廃業しようとしています。でも、あの会社はいい会社だから絶対立ち直るはずです。また、地域のライフラインとして、今後絶対なくてはならない存在になります。どうにか説得してもらえませんか」

と言ってきたのです。

田村社長と通洋さんは、すぐにその経営者のところへ駆けつけました。そして、「会社をつぶさないで欲しい」と泣きながら説得しました。

普段は冷静な田村社長も、そのときばかりは通洋さんよりも熱くなり、

「絶対にお前には辞めてもらいたくない。お前とだからここまでやってこられたんだ。誰でもいいわけじゃない。今は確かに不安な状況で見通しが立たないかもしれないが、みんなで頑張れば絶対なんとかなるから」

と訴えました。

こうした甲斐もあって、岩手同友会の気仙支部は一社の廃業を除き、全社がともに再建へと歩み出しました。

◉行政の柔軟な対応

有事におけるハローワークの柔軟な対応も、企業にとっては大変ありがたいものでした。当初、同友会のなかで雇用調整助成金の制度を広めようとすることに対し、ハローワークの担当者はあまり肯定的でありませんでした。混乱した状況で窓口も少ないなか、それに対応できるほどの余裕がなかったからです。

しかし、同友会としてはそれに納得することはできませんでした。そこでハローワークの職員を同友会の例会に呼ぶことにしたのです。おそらく一時休業を勧められるのだろうと思っていたとき、そ

の職員から予想もしない言葉が飛び出しました。

「雇用調整助成金を申請する人たちは、みんな八木澤商店さんを通してください。八木澤商店さんが助成金の申請の仕方などを教えますから、それに従って出された申請ならば、ハローワークはハンコを押すだけで済むので大丈夫です」。

通洋さんも事前に全く知らされていなかったことだったので、それを聞いたときは驚いてしまいました。通洋さんを信頼したハローワークの柔軟な計らいのおかげで、実際何社かが助成金を受け取ることができたのです。

◉国との対峙

四月一三日、通常は地方自治体と商工会、商工会議所関係者しか呼ばれない国の中小企業施策説明会に、通洋さんが呼ばれました。震災前から同友会気仙支部の例会にはそうした組織の人たちも参加しており、地域を担う仲間としての共通意識があったので、本来なら任意団体の人は参加しない説明会に通洋さんは出席することができました。

その説明会に現れたのは、中小企業庁や東北経済産業局、中小企業基盤整備機構（中小機構）といった国の出先機関等の役人でした。内容は、仮設店舗や仮設工場に関して国が無償で提供する、といったものです。まだ予算も成立していないけれど、役人が首をかけてでも必ず法案を通すので、今のうちに応募企業を集めて欲しい、ということでした。

それを聞き、通洋さんは思わず質問をしました。

「同友会のなかで、ぜひこの仮設店舗についての説明をしたいと思います。ただ、自分のような一経営者が説明したところで、他の経営者の信用を得られる確証はありません。市役所は職員も不足しているので、とても一緒に説明会を行える状況にありません。商工会も同様です。そこで、みなさんの名刺を全部コピーさせてもらえませんか？　国の役人たちが首をかけてでもやろうとしているということを伝えれば、みんな信じてくれるはずです」。

すると、

「そのために通洋さんを呼んだんです」。

という答えが返ってきました。

「私たちもその覚悟なので、どうぞ私たちの名刺をコピーして使ってください。何百枚と印刷していただいて構いません」。

◉役人の覚悟

そのとき以来、国の役人とも親交ができました。後に、中小機構から、全被災地域の企業による仮設店舗・工場の申し込みのうち、四分の一が陸前高田の企業だったと言われたそうです。地域における情報伝播のすさまじい速さに驚いてしまったとか。

もっとも、陸前高田の場合は仮設店舗等を建てる土地がなかったため、実際に建てられるまでかな

りの時間を要しました。中小機構には多くのクレームが来てしまったそうですが、それに対してある役人は、

「いいんです。私たちは寝る場所もあれば帰る場所もありますから。不満を言われる分にはどれだけ言われてもいいんです。でも、これが半年、一年も経てば、整備も進み、建物も建ってくるでしょう。そうすればみんな笑顔になります。そうなったときに、私たちは本領発揮して、建物を建てるだけでなく、人材を派遣したり、経営再建のお手伝いをしたりしますから」。

と言ったのです。通洋さんにとって、この言葉はとても頼もしいものでした。

◉東京に乗り込み直談判

また、説明会の時に、もう一つ通洋さんが質問したことがあります。それは、仮設店舗などの工事を誰が行うのか、ということです。多くの会社が被災してしまった状況のなか、地域の建設業者が雇用の受け皿にならないといけません。もし地元の建設業者が行えないということになれば、その受け皿を期待することができなくなってしまうのです。これは地域にとってかなり深刻な問題です。なので、通洋さんはどうしてもそこを確認しておきたかったのです。質問の答えに対し、地元の建設業者が行えるということでした。

しかし実際工事を請け負ったのは、大手のプレハブ会社だったのです。これに対して通洋さんは大きな憤りを感じ、東京へ乗り込みました。

「言ってることとやってることが違うだろ。どういうことなんだ」。

そう問い詰めると、

「通洋さん、分かってください。震災直後の混乱期において、資材などの物流がなかったんです。大手などの力を借りないことには進みませんでした。今日から一週間だけ、地元の中小企業向けにホームページで公募を出しますから、それに申し込みをしてください」。

通洋さんはその話を聞き、すぐに岩手、宮城、福島の中小企業家同友会に連絡しました。

「建設関係で今から公募が可能になるから、地元の中小企業が一斉に申し込めるような体制にしてくれ」。

そして国の役員との交渉も終わり、帰ろうとエレベーターに乗った時、通洋さんの携帯に着信がありました。それは同友会の仲間からでした。

「通洋さん、確かに公募があったけど、応募できる建設業者の基準の点数が高すぎる。あれは地元の中小建設業者が取れる点数じゃない。中堅のゼネコンじゃないと取れないよ」。

それを聞き、急いで通洋さんは引き返しました。

「今仲間から電話があって、基準の点数が高すぎるって言うんだけどどういうことだ」。

そう役人に問いただすと、

「さすがにそこまではできないんです。地元でジョイントベンチャーなどを組んで、どうにか対応してもらえませんか。内陸の建設業者のなかにも、数社この点数をクリアしているところがあります。

そういうところと組んでやってください。すみません、これ以上はもう対応できないんです」。

通洋さんも国の役人が最大限の対応をしてくれていることは分かっていました。なので、それを了承し、仲間にその旨を伝えました。すると、同友会もその条件に合わせてすぐに建設業者をまとめてくれたのでした。

このときほど同友会のネットワークのすごさを実感したときはなかった、と通洋さんは話します。

◉震災前から培われていた官と民の絆

震災前から同友会気仙支部の例会に行政の人も参加していましたが、陸前高田だけでなく岩手県全体として行政と民間企業の関係は非常に良好でした。通洋さんが震災前のあるエピソードを話してくれました。

震災前に「三陸おすそ分け実行委員会」という活動があり、岩手県の女性職員が岩手の食材を東京で販売しようと試みました。しかし、全くうまくいかなかったため、県内の企業も一緒になって活動してもらえるよう頼み込んだそうです。その一つが八木澤商店でした。このとき女性職員は有給休暇を利用して活動に参加し、東京への販売会に行っていたのですが、そうした行政職員の姿を見て、通洋さんを含め、企業も行政への信頼を高めていったそうです。

行政と民間企業の間に良好な関係が築かれていたおかげで、震災後、岩手は被災三県のなかで最もスピード感をもって対応することが可能となりました。仮設店舗は一回目の申請で四分の一が陸前高

6月	7月	8月	9月	10月	11月	12月
4,450	3,907	3,541	3,213	3,030	2,861	2,800
△308	△543	△366	△328	△183	△169	△61
1,272	1,425	1,664	1,652	1,738	1,767	1,833
56	153	239	△12	86	29	66
0.29	0.36	0.47	0.51	0.57	0.62	0.65
11,980	12,159	12,568	13,103	13,540	13,724	13,804
382	179	409	535	437	184	80
3,646	3,377	2,932	2,534	2,232	2,075	1,982
△53	△269	△445	△398	△302	△157	△93

6月	7月	8月	9月	10月	11月	12月
2,211	2,004	1766	1,647	1,496	1,386	1,199
△290	△207	△238	△119	△151	△110	△187
1,991	2,111	2,117	2,080	1,938	1,949	1,851
△51	120	6	△37	△142	11	△98
0.90	1.05	1.20	1.26	1.30	1.41	1.54
14,747	14,894	15,037	15,103	15,331	15,447	15,612
235	147	143	66	228	116	165
1,219	1,027	809	592	451	233	229
△137	△192	△218	△217	△141	△218	△4

田の事業者でしたが、これも震災前から行政と民間のラインが構築されていた結果であるといえます。

また、グループ補助金は宮城県の場合、大きい企業を優先的に適用させましたが、岩手県の場合は、一件あたりの補助を四分の三から四分の一にし、その代わりとしてより多くの企業に補助が行き渡るようにしました。このおかげで、初期段階で多くの企業が再建に踏み出すことが可能になったと通洋さんは話します。こうした措置がとれるのも行政が県下の企業力を信頼しているからこそ。行政の企業に

2011年　求人・求職動向の推移

	1月	2月	3月	4月	5月
月間有効求職者数	1,491	1,828	1,790	4,502	4,758
前月比（増減）	277	337	△38	2,712	256
月間有効求人数	864	858	725	1,142	1,216
前月比（増減）	64	△6	△133	417	74
求人倍率	0.58	0.47	0.41	0.25	0.26
月末被保険者数	16,168	16,022	15,477	11,628	11,598
前月比（増減）	△137	△146	△545	△3849	△30
受給者実人数	378	353	411	1,707	3,699
前月比（増減）	△4	△25	58	1,296	1,992

2012年　求人・求職動向の推移

	1月	2月	3月	4月	5月
月間有効求職者数	3,011	3,044	3,162	2,811	2,501
前月比（増減）	211	33	118	△351	△310
月間有効求人数	2,140	2,135	2,239	1,966	2,042
前月比（増減）	307	△5	104	△273	76
求人倍率	0.71	0.70	0.71	0.70	0.82
月末被保険者数	13,771	13,848	14,115	14,142	14,512
前月比（増減）	△33	77	267	27	370
受給者実人数	1,925	1,900	1,724	1,509	1,356
前月比（増減）	△57	△27	△176	△215	△153

出所：『大船渡公共職業安定所　最近の雇用失業情勢』（2015年12月）。

対する信頼の強さが垣間見えた瞬間でした。

◉労働力不足

震災後、仮設店舗などがたくさんできたおかげで、今度は働く場所がたくさんあるのに働く人が不足しているという問題が生じました。とくに、陸前高田市の雇用状況は驚くべき状況でした。というのも、二〇一一年の五月からすでに雇用は回復傾向に向かっていたのです。その年の九月、一〇月には震災前の状態まで戻っています。有効求人倍率は、二〇一一年二月の時点で〇・四七であったのに対し、なんと二〇一二年八月では一・二〇にまで上がりました。これも、同友会などを通じ、地域の企業が力を合わせて前に進み続けた結果です。「一社もつぶさない」という思いで取り組んできたことに間違いはなかったことが実証されたのです。

◉「起業」を「企業」にする

気仙支部の同友会は、震災後何度も会合を開き、経営者どうしの連結を高めてきました。二〇一二年四月に行われた総会では、「この三年間が勝負、気仙支部の経営者が団結し、連携し、起業家魂で経営体質を強化しよう」というスローガンが提案されました。このとき田村社長は、そのスローガンに込めた思いを次のように話しました。

「いったい、われわれはどんな悪いことをしたんだ！　と嘆いてみたりもした。しかし、自然の力は、われわれの及ばない範疇にあり、嘆いていても解決するものは何もないのです。

気仙支部の会員はこれまでどんな苦境に立たされても乗り越えて来た実績があります。今回は、これまでにない、高い高いハードルですが、それがいかに高いハードルであろうと、われわれが力を合わせて団結し、連携すれば、必ず乗り越えることができます。

もし、今回、この高いハードルを乗り越えることができたとしたら、それぞれの企業は強靭な足腰をもつことができ、今後、多少の苦境に立たされたとしても、乗り越えることはそれほど難しくはないはずです」。

田村社長の言葉は、とても熱いものでした。気仙支部の地域はこのままの状態で推移すると、この二、三年で倒産する中小零細企業がたくさんでても不思議ではない状況です。しかし、それを「起業」と考えるようにしてはどうか、と前向きな意見も叫ばれています。

たくさんのものを失ったと嘆くのではなく、この気仙の地に初めて起業したと考えれば、各経営者にはこれまでのノウハウがあるのだから、「起業」を「企業」にすることなど難しいことではない。起業家魂を取り戻そう、会員相互が団結し連携しよう、と同友会の経営者たちは、前進を確認したのです。

◉岩手同友会気仙事務所の設立

それから二か月後、岩手同友会気仙事務所が、陸前高田ドライビングスクール構内に創設されました。大震災から一年三か月が過ぎ、八五社の会員が所属する気仙支部では、それぞれの企業によって、立ち上がりに大きな差が出てきていたそうです。一社でも多くの企業が雇用を守り、地域再興の担い手になることが地域の未来を創る礎である以上、一人でも多くの経営者が集い、どんなことでも相談できるよりどころ、そして誰もが気軽に集える場所が必要でした。

開所式には会員二四名が参加しました。支部長である田村社長は、事務所開設の喜びとともに、今後一〇〇名の支部にする決意を述べました。開所式終了後、一時間が過ぎても話が尽きず、誰も帰ろうとしない姿に、集えるよりどころがあることの大切さをあらためて実感したのです。

そして二〇一三年二月。これまで、なかなか地元の報告者が実践報告を本音でする場がつくれず、盛岡など他地域から招いたり、支援施策の勉強会などを重ねてきたりしたのですが、震災からおよそ二年経過し、ようやく震災前に行われていたような例会の姿が戻ってきました。たくさんのメンバーが集い、笑いあり、涙ありのグループ討論が行われ、ベテランも若手も、本音をさらけ出し学び合う雰囲気。支部を創設したころの熱意や、震災で亡くなってしまった仲間の遺志をみんなでもう一度共有し合い、絶対に諦めないことを誓ったのでした。

◉新入社員は希望の種

震災直後、岩手県内の企業のほとんどが今後の見通しも立たない状況でしたが、岩手同友会の入社式への参加が決まっていた二六社の同友会企業のうち、内定を取り消した企業は一社もありませんでした。

「これからの地域の復興を担うのは中小企業。そして企業をこれから支えるのが新入社員。どんなことがあってもわれわれ全員で迎え入れ、みんなで復興への思いを共有したい」。

こうした思いが同友会にはありました。そして、震災からわずか三週間でしたが、入社式の開催にこぎつけたのです。入社式では、みんなで会社、地域を立て直すために、これから一緒にがんばっていこうと、エールが送られました。

◉地域に小さな灯りをともす

気仙支部の合同入社式も、陸前高田ドライビングスクールで開催されました。新入社員は八名でしたが、県内各地から応援に来た経営者や報道関係の人で会場はすごい熱気だったそうです。

そこで通洋さんは次のような言葉を新入社員八名に送ったのです。

「みなさんは希望の種です。今、この地域の人々はみな希望を失っている。ほとんどの人たちが希望を失ってしまっている。そこに小さな灯りを灯しましょう。小さな灯りはたいまつになり、やがて赤々と燃える地域の炎となる。私たちとともに、必ずやこの気仙を再興させましょう」。

その思いに応えるように、新入社員たちもみな復興への熱い思いを述べました。これには応援で参加していた県外の経営者たちも、驚嘆するばかりでした。

「こんな環境下で採用しよう、という尋常でない覚悟を見ようと参加しました。しかしその経営者以上に尋常でない人たちがいました。それは新入社員のみなさんです。もうやめた、と言ってもおかしくない状況なのに、事務所も工場もすべて失ってしまった会社に入る覚悟を決めた。私は逆に恐ろしくなりました。人間として、社会人としての一歩を歩み始める覚悟というものはこういうものかと、本当に恐ろしく思いました」。

覚悟のある企業には、覚悟のある人材が入ってきます。多くの学生は、大企業に入って安定した生活を送りたいという思いがあり、就職活動を行っていますが、被災地ではそれとは全く違う思いで就職を決めた若者がいるのです。

◉なつかしい未来創造

岩手県中小企業家同友会・気仙支部の仲間である経営者数名は、自社の再建だけでなく、陸前高田一帯における中長期的な仕事と環境づくりの必要性を被災後に実感していました。そして、内閣府のインターンシップ事業を通じて出会った東京のコンサルティング会社のメンバーらの協力のもと、「なつかしい未来創造株式会社」を二〇一一年一〇月に立ち上げました。その目的は、千年先の子どもたちが誇りをもてるまちづくりを推進していくことです。

これは、震災後、国の復興構想会議で言及された〝復興まちづくり会社〟の概念に沿った組織です。とくに陸前高田は震災のため多くの職員を失ったため、行政のマンパワーは十分ではありません。短期間での復興計画を達成するためには、行政だけでなく民間の活力を最大限に活かすことが肝要であり、官と民が連携して復興関連事業を推進していく必要があります。「なつかしい未来創造株式会社」は、復興を主眼とする公共性の高い会社として、東北の被災地では最も早く組織化されました。被災した街を存続させるには、とにかく雇用を生み出さないといけません。将来的に五〇〇人くらいの雇用を生める事業を作ることを目的としています。

具体的な事業として、仮設商店街プロジェクト「なつかしい未来商店街」が二〇一三年三月二三日にグランドオープンしました。この事業は、単にハード面としての商店街を復旧するだけでなく、お客様と商店の双方のニーズを大切にし、ソフト面を充実させることで、活き活きとした商店街を復活させ、地元のお年寄りから子どもまでが楽しめる居場所づくりを目的としています。特徴的なのは、地元住民や商店双方のヒアリングを行い、両者をつなぐための企画作りとマーケティングを行う点です。単にサービスの供給側と需要側に分かれるのではなく、それぞれが主役となるようなイベント作りや関係性の構築を目指しています。

◉広がる起業家精神

また、総務省「緑の分権改革」事業で、気仙材を活用した商品開発「ＫＵＭＩＫＩプロジェクト」にも取り組んでいます。この商品は、高田で伐採を終えた杉の切り株を素材に、片手で持てるほどのブロックをつくり、「継手」という日本の伝統技術を活用して、釘も接着剤も使わずに家具や家までもつくることができるという画期的なもの。一度つくったものをばらしてまた新しいものに組み替えるなど、半永久的に使い育てていけます。また自分でつくるだけではなく、家族や仲間とひとつのものを一緒につくることで、コミュニケーションを深めるきっかけにもなれば、という思いから始められました。現在はＤＩＹキットとして販売もされています。

他にも震災後に新しい取組みを始めた人がたくさんいます。趣味のパン屋を始めた人、高田に必要な自動車リース業を始めた人、地域の住人がもう一度集まれるコミュニティスペースづくりを展開する人、高田の資源をつかった商品開発を始めた人、人を呼び込むためのしかけをつくった人、など分野も多岐にわたります。また、なつかしい未来創造株式会社は、「ソーシャルビジネス経営塾in陸前高田」を開催し、二〇一五年までに四〇人もの起業家を育成しました。その成果か、二〇一五年に岩手県は創業率全国第四位となりました。

陸前高田では着実に起業家精神が広がっています。一つ一つの動きは小さなものかもしれませんが、こうした動きによるエネルギーが少しずつ感じられるようになったといいます。今は静かなエネルギーであっても、それが持続的に続く力強さをもっていれば、きっと千年後の子どもたちに計り知れないほどの大きなものを届けることができるに違いありません。

◉中小企業同友会に入って変わった通洋さん

震災後、同友会気仙支部の会員同士のつながりは素晴らしいものでありましたが、その背景には震災前にさまざまな困難をともに乗り越えた過去があったからこそ。とくに当時八木澤商店の専務であった通洋さんは同友会気仙支部の立ち上げに力を尽くした一人でした。なぜなら通洋さんは誰よりも同友会の存在意義を実感していたからです。

宮城県気仙沼の同友会に入ったきっかけは、知人に誘われたことがきっかけでした。二〇代のころだそうです。それまでは、さまざまな勉強会や本から経営の知識を学んでいました。通洋さんは同友会に入るまでの三年間を振り返り、自分はかなり傲慢な経営者だったと言います。

当時、洪水のためにお店が水没し、かなりの損害が出てしまいました。そのため、前社長が社員のボーナスを半分にするという決断をした時に、通洋さんはアメリカから帰ってきました。そのころの八木澤商店はまさに家族的経営のような感じで、親戚ではないけれど社員は家族同然のようなものでした。通洋さんにとっても、社員のみんなは昔から慣れ親しんだ人ばかり。しかし、当時の通洋さんにとって、そうした信頼関係などがどこかきれいごとのように思えてなりませんでした。どんな家族のように親しい社員であっても、どうせ金で繋がっている関係。社員に給料をまともに払えないような会社がどんなきれいごとを言ってもだめだ、と思っていたのです。そのため、社員と衝突することも珍しくありませんでした。社員の一人が、「私たちの信頼関係を何だと思っている」と言ってきた時、「そんなものは必要ないんだ」と通洋さんは返しました。会社が大変な状況において、仲良しクラブのようなことをやっていられない。俺が会社を良くするんだ。こうした思いで、さまざまな勉強会などに参加しました。社員にオープンな経営をし、経営計画もきっちり立て、金融機関に行けば支店長室で優遇される。そんな状況に、通洋さんはすっかり自分が有能な経営者だと思い込んでいたのです。

そんなとき、宮城の中小企業家同友会に誘われました。先輩経営者からいろいろなことを学べるし、お客様になってくれる経営者もいたことから、初めはかなり打算的に同友会に関わっていたそうです。経営指針を作る会に参加した時も、自分は金融機関と対等にやり合える知識もあるし、経営計画書も経営理念も作成していることから、あまり意味はないのではないかという思いでいっぱいでした。しかし、多くの経営者が泣いて通る道だと聞き、怖いもの見たさでその会に参加したのでした。

経営指針を作る会の初日、今までの経営のやり方などを多くの経営者の前で発表しました。しかし、学ぶ気はゼロ。同友会の中では、「お前は受講者なのに助言者みたいだな」と言われるほどでした。それからも、通洋さんの態度も計画の内容も全く変わりませんでした。

経営指針を作る会が終わりにさしかかった時、同じ受講生の様子を見て通洋さんはふと自分だけ全く変わっていないことに気づきます。そして、同期の仲間にそれを話しました。すると、その仲間から「お前やっと気づいたか」という言葉が返ってきたのです。

「お前の口から出るのは全部手段だ。数字と戦略、そのオンパレードじゃないか。そこで働かされる社員は本当に幸せなのか。そんなに社長は偉いのか。そんなに自分一人でできるなら、一人でやればいいじゃないか。そのはうがよっぽど儲かるよ」。

この言葉を聞き、通洋さんは過去の自分の経営を振り返りました。仲良しクラブじゃないんだと社員にきつく当たり、信頼関係など真っ向から否定していた自分。こうした状況で、経営理念を社員と共有して良い会社を作っていくことができるのか、と自問するようになりました。変わらなければならないけど、その術さえ分からず、悩み始めたのです。

そのとき、通洋さんが尊敬する宮城県中小企業家同友会の若松友廣事務局長から次のように言われました。

「通洋さん、強いものが生き残るのが資本主義の大前提になっているけれど、みんなが安心して暮らせる世の中を作る方がよっぽど難しいんだよ。でもこれができるのは日本の中小企業だけだと僕は信じています。なぜなら、日本の中小企業は二〇〇年以上続く企業が世界一多いから。持続可能な組織を作る上で、日本の中小企業の経営感覚はずば抜けている。大きいところだけが生き残るのではなく、小さくても工夫しながら必死になって経営するような中小企業を増やす運動をしないか」。

これが通洋さんにとって大きな転機になりました。それから、通洋さんはそれまでの態度を改め、人の話を聞くことを心がけるようになったのです。また、会社では労使協調を主張し、信頼関係の重要性を社員に説くようになりました。もちろん、急に今までと逆のことを言い出したので社員には嫌味を言われたりもしましたが、若松事務局長が社員に対し、「同友会は通洋さんのような傲慢な経営者を叩きのめす会なんです。同友会は皆さんの味方ですから安心してください」と言ってくれたこともあり、会社は徐々に一つになっていきました。そして、通洋さん自身も同友会での学びをより深めていこうと心に決めたのでした。

◉きっかけは後輩経営者の使い込み

当時、岩手県の中小企業家同友会は盛岡にしか支部がなかったので、通洋さんは宮城県気仙沼市で開かれる同友会の例会に参加して勉強していました。その後、陸前高田を中心とした気仙支部を立ち上げるのですが、そのきっかけはある後輩経営者からの相談でした。なんとその後輩は社員に使い込みをされてしまったのです。どうすればいいかと相談され、通洋さんは中小企業家同友会を紹介しました。すると、「経営者たちが集まって勉強する場がある」という話が陸前高田の経営者のなかでも広がっていき、次第に気仙沼同友会の例会に参加するメンバーが一〇人ほどに増えていきました。

◉気仙支部を作るために

陸前高田の会員が増えるにつれ、自分たちで陸前高田に支部をつくれないか、という話が出るようになりました。しかし、そう簡単なものでもありませんでした。支部をつくるのであればもっと会員を集めなければなりません。通洋さんたちは自分たちで同友会のチラシを配り、市内の企業を回って勧誘を行いました。なかにはそんな通洋さんの姿を見て、「選挙にでも出るつもりか？」と怪訝に思う人もいたそうです。

多くの努力を重ねたものの、結局人は集まらず、例会を開いても報告者は五、六人程度。ほぼ身内で相談会をしているようなものでした。

「変わり映えのないメンバーで報告しあって何の意味があるのだろうか。この状況をなんとかしなければ」。

そうして通洋さんは、陸前高田ドライビングスクールの田村社長のところへ相談に行ったのです。

◉支部立ち上げのための条件

田村社長は岩手県中小企業家同友会の代表理事を務めており、通洋さんは陸前高田に支部を作りたい旨を田村社長に説明しました。

「いらないだろ、そんなもの」。

田村社長から返ってきた予想外の言葉に、通洋さんは驚いてしまいました。

「経営の勉強をしたければ、俺とお前でいろいろやればいいだろう。なんでわざわざ支部を作る必要があるんだ。やる気があって、本気で立ち上げたいという思いがなければ始めたって意味がないぞ。そもそも行政も今後の指針が定まっていないようなこの街に、何の希望があるんだ」。

こう田村社長が言い放った時、通洋さんのなかで何かふつふつと湧き上がってくるものがありました。

「いいじゃないですか。たとえ行政に展望がなくても、自分たち中小企業家の一人一人がいい会社にしたい、いい地域にしたいという思いがあれば、それだけで十分でしょ。そうした思いをもった人が、仲間となり行動すれば、行政が動かなくても自分たちの自立した考え方でいい地域をつくることはできるはずです」。

通洋さんはそのとき必死になって田村社長に訴えました。今となってみれば、田村社長は自分を本気にさせるために、わざと挑発的なことを言ったのだろうと通洋さんは話します。すると、田村社長から新たな支部の設立のための条件が出されました。

「分かった。そこまで言うんだったら、三か月連続で三〇人を例会に集めろ。そしたら俺が支部長になってやる」。

◉田村社長のはからい

三〇人といえども、それまで一〇人ほどしか集めたことがなかった通洋さんにとってこの条件はハードルが高いものでした。しかし、経営者だったらそれくらいのことをしないとうまくいかないと思い、とにかく人を集めようとがんばりました。まずは自分の社員に、仕事の後、例会に出てほしいと頼んだそうです。疲れて早く家に帰りたいであろう社員たちにそんなお願いをするのは心が痛みましたが、それも支部をつくるためです。社員たちのおかげで何人か足りない人数を確保することができました。

例会を行って分かったことは、一番たくさんの人を誘って人を集めてくれたのが、条件を提示した田村社長本人だということです。周りの人に頭を下げ、なんとか出席してもらえないかと懇願してくれていました。そのおかげで、初めの二か月は四〇人もの人が例会に出席しました。

◉気仙支部の誕生

いよいよ三か月目。ここまで四〇人と人が集まっていたので、今回も余裕だろうと構えていたところ、なんと開始三〇分前に二六人しか集まらないことが明らかになったそうです。

「これはまずい。何とかしなければ」。

そこで通洋さんが真っ先に電話をしたのが、気仙沼の八葉水産社長である清水敏也さんだったのです。

「清水さん、お忙しいのは十分承知していますが、あと四人足りないんです。気仙沼支部から人を送り込んでもらえませんか」。

こんな急なお願いに対し、清水さんは、「おお、分かった」と言って、本当に人を連れてきてくれたのです。三〇分前の急なお願いを快く聞いてくれた清水社長の懐の広さ、そして六人も呼ぶことのできる清水さんの人脈と行動力のすごさに、通洋さんも驚いてしまったといいます。

こうして三か月目も三〇人を超す例会を開催し、なんとか支部を立ち上げることに成功しました。陸前高田市と大船渡市のメンバーで構成された岩手同友会気仙支部の誕生です。支部長はもちろん田村社長で、通洋さんが幹事長を務めます。支部が立ち上がってから、二年で会員数は倍になり、四年間で八〇人にまで増えました。このように会員が急増した背景に、経営者が共通して有していた地域への危機感があったからではないか、と通洋さんは話します。このままでは街がなくなってしまう、そうした不安を誰もが抱いていたのです。

◉文房具屋のせがれの決意

通洋さんは仲間とともに、シャッター通りになってしまっている商店街で、同友会に入ってくれないかとお店を回ったことがあったそうです。開いている何軒かのお店の事業主は高齢の方がほとんどでした。

そんななか、二〇代で文房具屋の跡を継ぐために街に戻ってきた若者が、通洋さんにある決意を述べたのです。

「通洋さん、今ここはシャッター商店街だけど、将来このシャッターを全部開けてみせますから」。

この言葉に、通洋さんは胸を打たれました。「よし、やろう」。

それから、商店街の一店一店に同友会のチラシを配って回ったそうです。陸前高田の企業のなかで行ってないところはほとんどないのではないか、と通洋さんも当時を振り返ります。

商店街を回っていると、「また来たの」と言われることもあったそうです。なんでも通洋さんが来る前に、他の同友会のメンバーが同友会についてすでに熱く語っていたのだとか。それくらい会員みんなでメンバーを増やそうと努めました。すべては、地域を変えるために。

文房具屋のせがれは、本業そっちのけで勧誘活動にいそしんでいたので、先輩経営者からは本業をもっとがんばるようにと言われていたそうです。そのとき、そのせがれが言ったことが、まさに名言だったと通洋さんは言います。

「これが俺の本業だ。今まで通り、今までと同じような仕事を続けていたら、一〇年後この街はないんだ。この街はこの先どんどん衰退していってしまう。夕張になってしまう。だから、今このギリギリのところで新しい価値を生み出すために、みんなが一緒に学んで新しい街を作っていかなければならない。一社一社、強い経営体質の会社に改善していくことが、今一番大切なんだ」。

残念なことに、その方は震災で帰らぬ人となってしまいました。消防団員でした。大切な仲間を失った悲しみはもちろんありますが、同友会として地域の会社を強くしていこうと必死だった彼の思いを決して無駄にしたくない、通洋さんはそう言います。そうした決意は、震災直後や復旧の過程におけるさまざまな場面で顕著なものとなりました。八木澤商店を含め、多くの会社が震災により大きな被害を受けましたが、同友会は「一社もつぶさない」ということを胸に、困難な状況に立ち向かっていったのです。

◉先輩経営者からの学び

気仙支部の中小企業家同友会は、他の支部と少し変わっているところがあります。それは幹事会のなかでのこと。本来であれば会の運営を考えるために開かれるものなのですが、気仙支部ではそれぞれの経営者が自社の経営について話をするのです。通洋さんはこれこそが気仙支部の同友会の強みであるといいます。大きな会社から小さい会社、そして経営者の年齢にも幅があるなかで、お互いが自分の経営状態を素直に話すのです。先輩経営者からの言葉は、どんな著書や経済学者の言葉よりも勉強になります。

同友会の中でよく言われることに、「お金は手段であり、道具である」という言葉があります。人間が手段や道具にされる仕事があってはならない。人間がその場で成長を実感できるような会社をつくっていくことが、本来あるべき同友会の姿なのだという共通意識を、会員のみなさんがもっておられます。

でも一方で、ある六〇代の先輩経営者がこんなことを言いました。

「先週になって、うちのある社員が、この会社の給料では家族を養っていけないと辞めていった。それがすごく悔しくてな。どんなに経営理念が素晴らしくても、経営理念では飯は食えない。やっぱりわれわれは自立して強靭な経営体制をつくっていかなければならない。そうじゃないと、守るべきものが守れない」。

こう話す先輩経営者の目は、悔し涙であふれていたといいます。本来なら周りに言いたくないようなことですが、ぜひ他のみんなにも考えてほしいという思いから自社の状況を告白する先輩経営者。通洋さんなど若手経営者にとって、こうした先輩たちは本当にありがたい存在です。

◉仲間同士の支え合い

気仙支部の同友会では、メンバー同士の同友会の会員の会社がよい状態じゃないという話を聞くと、他のメンバーたちでその会社の経営状況をチェックしに行くこともあります。これも気仙支部ならではです。

詳しく話を聞きにその経営者の会社に行った時、とにかく初めに決算書を見せてもらうのです。経営者が自社の決算書を他の経営者に見せるなんていうことは通常ではとんでもない話ですが、気仙支部の仲間同士なら、それも公開できる信頼関係が構築されてます。また、中小企業はコンサルタントなどに依頼する余裕もありません。それぞれが経験をもとに仲間の経営状況を指摘することで、危機的状況にある会社の立て直しを図っています。その際には、通洋さんも自社の決算内容などを公開し、どうすれば経営再建が可能となるか、窮地にある仲間の経営者とともに考えるのです。

また、なかには債務超過に陥った経営者もいます。会社が債務超過の状態にあると、銀行もすでに取引を中止しているので、どう資金繰りを組むか、といったことが問題となるのです。財務諸表上の操作だけで債務超過を改善できる場合は、金融機関に対し債務超過ではなかったことの説明をし、貸出しを続けてもらえるよう要求します。

債務超過ならまだしも、粉飾までしてしまっている経営者が過去にはいました。この場合、事態は変わってきます。どこまで粉飾しているか分からないということであれば、通洋さんもその会社へ行き、一緒になって棚卸をするのです。他の会社のために、不良資産がどこまでか、実際の売上げはいくらなのかを確認するという作業は通常では考えられませんが、気仙支部の同友会ではそこまでするのが当たり前。コンサルタントに依頼する余裕がない分、自分たちが協力し合ってよい会社、強い会社をつくっていかなければならないのです。

◉経営者としての決断

気仙支部の同友会の根底にあるのは、「一社もつぶさない」ということです。そして、どの企業も毎年一人でもいいから新しい雇用を生み出していくことを目標にしています。新しい雇用を増やすということは、その人件費をまかなうための新しい仕事を創らなければならないことを意味します。それが経営を変革することにつながると通洋さんは言います。決して無理をしてはいけないのですが、新たな雇用をするという人材への投資は将来必ず会社に利益をもたらすことを忘れてはいけないのだそうです。とくに陸前高田の場合、新卒の社員の多くは地元の高校を卒業した若者です。八木澤商店の仕事を学び、これを一生の仕事にしたいと思って必死に働いてくれる社員がいれば、必ず経営は良い方向へ向かうと通洋さんは信じています。

また、不安の中で出す決断は良い方向に行かない可能性が高いのだそうです。そのため、社員を不安にさせないように、強い経営基盤の会社にしていくことが必要だということを、同友会の他のメンバーにも言い続けました。

しかし、そんな通洋さんも弱気になってしまったことがあったそうです。それは震災前のある年度のこと。一月の時点でその年度の三月決算が赤字になりそうだと分かり、同友会の幹部会で八木澤商店の経営が厳しいことを報告しました。その内容は、来年度の社員の昇給を保留にし、一年間昇給なしにするというものです。すると、田村社長から痛恨の一言が。

「通洋、お前が普段言っていることは全部嘘だな。お前が言っていることは嘘っぱちだ」。

しかし、これには通洋さんも反論しました。

「でも厳しい時はやっぱり無理をしてはいけないと思うんです」。

すると、田村社長から次のように言われました。

「だったらお前、なんで三月三一日までそろばんを弾かないんだ。なんで一月の今の段階で、三月まで読めているような話をするんだ。経営者の経営責任というのは、最後の最後まで社員の苦労に報いるためにどうするかを考えることだろ」。

普段はおやじギャグばかり言っておちゃらけている田村社長ですが、時々核心を突いてきます。このときも田村社長の言葉が胸に刺さりました。

「通洋、今年の八木澤商店の経営が悪くなったのは社員のせいか」。

「いいえ、経営者の自分の責任です」。

「だったらなんでその苦労に報いようとしない。俺は赤字の時でも社員の昇給はしたぞ」。

それからすぐ通洋さんは会社へ戻り、役員の前で来年度一〇〇〇円だけですが昇給することを約束しました。そして、社員みんなで年度末までなんとか赤字にならないよう頑張ろうと伝えたのです。迎えた三月三一日、八木澤商店はその一年を見事黒字で終えることができました。なんと震災前までずっと黒字を続けてきたというのですから驚きです。

しかし、それは確かな積み重ねと地道な努力があったからこそできたこと。また、そこに通洋さんの経営者としての判断力と、それを支える同友会の仲間がプラスされることで、八木澤商店の経営基盤はより強固なものになっていたのです。

◉理想のリーダーとは

財務の基盤を強固にするために、やはり数字を見て見ぬふりすることはできません。通洋さんは同友会のメンバーから、「河野は数字ばかりだな」と言われることがよくありました。しかし、理念以前の問題として、社員が不安になってしまうような会社だと良い会社にはならないと通洋さんは考えています。ここをなんとかするのが経営者の力量で、社員にも共通の危機感をもってもらい、会社全体で良い方向にもっていく必要があるのです。そのため、社員には良い時も悪い時も、会社の財務をすべて公開しています。

また、就業規則についてもいつでも社員が知れる状態にし、状況に応じて柔軟に改正するようにしています。なぜなら、就業規則はやはり社員みんなで考えて決めるべきものだからです。みんなで決めると、みんながきちんと守るようになるので、良い社風も生まれます。また、すべてを公開しているので、八木澤商店は労働基準局が来ても、税務署が来ても常に恥ずかしくない状態だと通洋さんは自負しています。経営者にとっても、後ろめたい状況だと的確な経営判断ができなくなることを通洋さんは十分承知しているので、そのような状況を作らないように日頃から心がけているのです。

中小企業はとくに私的な要素が出がちです。中小企業の経営者は株式を一〇〇%保有するオーナーなので、油断をするとそのオーナーシップに取り込まれてしまうのです。このオーナーシップは、リーダーシップとは別物です。オーナーシップは油断すると、権利、権力、権威の亡者になってしまいます。リーダーがこういう状態になると、どうでもいいことにまで口出ししてしまい、会社の雰囲気も悪くなってしまいます。通洋さんが理想とするのは、リーダーシップのある経営者です。社員に任せて、預けて、最後の責任だけとるのが理想のリーダーなのです。

こうしたリーダーに関する議論は同友会の中でも活発に行われました。過去には、同友会のメンバーで、岐阜県の未来工業や長野県の伊那食品などの経営者を訪問しに行ったこともあります。実際に理想的なリーダーを目にすることで、自分たちの理想像を具体的にし、そこに近づけるように何が必要かをまた同友会の中で議論する、ということを繰り返しながら、少しでも自立した強い中小企業になるべく歩み続けているのです。

◉できることなら何でもやる

震災後、同友会のある会社で、社員研修として健康講座を行ったところ、約三分の一がPTSD（心的外傷後ストレス障害）や初期的なうつ状態など、何らかの症状が見られたそうです。すぐに症状を和らげる薬を処方し、重症化は免れましたが、このような状況はその会社に限ったことではありません。日中は一切人前で弱音を吐かないけれど、毎日眠れずに苦しんでいる人もたくさんいます。

こうした現状に危機感をもった気仙支部は、「ほっとする時間はありますか」「大災害のあとは、誰でも心に大きなストレスを受けます。心配しないで」と見出しを付け、心のセルフケアチェックシートを避難所や保育所、学校などに歩いて配ったそうです。

また、田村社長もこのような事態に際し、陸前高田ドライビングスクールで「こころのケア健康講座」を開催しました。インフラの早期復旧ももちろん重要ですが、もっと急がなければならないのは、こころのケアだといいます。沿岸部の被害が大きかったところが一番こうしたケアを必要としているのに、対策はほとんどなされていません。

「このままでは危ない。地域のためになるのなら、なんでもやろうじゃないか」。

田村社長は立ち上がりました。そして、気仙支部では同友会の企業だけでなく地域全体の企業へ向け、こころのケアの取組みを呼びかけ始めたのです。

◉残された命を守る

震災からこれまで、「一社もつぶさない、つぶさせない」を目標に走ってきましたが、新たに「残された命を守る」段階に入っているといいます。それは医療チームだけに任すのではなく、経営者や地域全体が意識していかなければならない問題です。

臨床心理士によると、今回のような大災害を経験すると、ほとんどの人に何らかの心の傷が残るのだそうです。しかしながら、一部に、それを人間力でカバーできる人たちがいるといいます。その話を聞いた気仙支部の人たちから笑いが起きたそうです。

「俺たちは普段からまともじゃないからな」。

「いや、それは支部長だけだから」。

そんな冗談を言いながら、たくさんのこころのケアのアンケートを持ってそれぞれの地域に戻っていきました。

地域のかけがえのない命を守るために、自分たちができることはなんでもする、そうした強い覚悟が彼らを奮い立たせているのです。

2 被災地の若きリーダー八木澤商店の河野社長

◉黒い波と黄色い煙

二〇一一年三月一一日午後二時四六分、激しい揺れを感じた八木澤商店の従業員は作業服のまま、近所の人たちと連れ立って、会社裏手の高台にある諏訪神社へ避難しました。大潮ではないのに近くを流れる気仙川の水がすべて引くのを見て、津波が来る気配を感じたそうです。そして午後三時二三分、気仙川の水が逆流し、津波の第一波が押し寄せました。続く第二波では津波は陸前高田市街地をあっという間に呑み込んでいったのです。

津波を目の当たりにした人たちはみな、この言葉を使います。

「黒い波と黄色い煙」。

この津波により、八木澤商店は社屋と工場を失いました。残ったのはトラック二台のみ。

八木澤商店は、陸前高田で二〇〇年を超える味噌・醤油醸造業の老舗でした。しかも、ただ古いということではなく、「大地を守る醸造業」を目標として、地元農家から大豆をはじめ安全・安心な原材料を購入し、長年にわたって培った麹で醸造した味噌や醤油は、多くの顧客を地域内外にもっていました。被害総額は二億一八〇〇万円に及びましたが、それ以上に悲しかったことは社員一名と研修生一名が亡くなってしまったことでした。社員の方は消防団員で、地域の住民を避難誘導し、家の中に残っている人がいないか確認するためにまた街に戻っていったため亡くなってしまったそうです。

津波が引き、街を見渡すと、そこには何もありませんでした。会社があったところに行くと、そこにあったはずの蔵は影も形もなく、土台が残っているだけ。残っているのは、かすかなもろみの香りだけでした。

◉九代目の決意

津波によってすべてが流されてしまった光景を目の当たりにし、先代の八代目社長・河野和義さん（現・会長）は廃業も考えたそうです。しかし、それを九代目である通洋さんは許しませんでした。

「再建する、必ず。だから、社員は解雇しない。会社も街も復興する」。

この言葉を聞き、先代の和義さんは、これからたとえ親子であっても絶対に口出ししないと誓い、その場で社長のバトンタッチを決断しました。

二〇一一年四月一日、通洋さんが九代目社長に就任し、八木澤商店が再建に向けて動き出しました。債務超過があるなかでの再建は本当に厳しいものでしたが、従業員を解雇しない、ということに通洋さんはこだわり続けました。また、新入社員も迎えることも決めていたので、四月までに経営再建計画をつくることを誓いました。

事前に新入社員となる予定だった方々には、会社の事情などを説明しました。

「何もなくなってしまった状況だが、それでもいいか？」

こう確認したところ、二人ともニコッと笑って承諾してくれました。それが最高にうれしかったと通洋さんは言います。いったん自宅や避難先に戻っていた社員も全員集まり、新入社員も含めて、生き残った社員全員で四月から再スタートを切ったのです。

◉仮店舗での再始動

スタート直後から試練は待ち構えていました。三月一一日からというもの、東北地方では余震が何度も続いていました。四月七日も余震が起きたのですが、それがあまりに大きかったため、当初借りる予定であった建物が倒壊してしまったのです。通洋さんも社員のみなさんも、予想外の出来事にどうしてよいのかわからなくなってしまいました。

そのとき、商工会議所の知人が、岩手県一関市大東町の摺沢《すりさわ》という地域にある建物をたまたま紹介してくれたのです。その建物のオーナーさんは元々八木澤商店のお客さんでした。そこを仮店舗として八木澤商店が再始動することとなり、大急ぎで掃除や物の配置を行いました。そして五月二日に開所式が行われたのです。

◉OEMでの製造販売

もっとも、このときはまだ電話もファックスもなく、商品も満足にありませんでした。震災前には一〇〇〇種類以上の商品がありましたが、五月は四商品のみ。工場も流されてしまったので、OEM

（納入先商標による委託製造）での商品製造でした。これは、秋田、岩手、宮城、新潟、埼玉などの同業の醸造会社に八木澤商店のレシピを公開して醤油・味噌を製造してもらい、従来の味に最も近い商品を仕入れて販売するものです。とはいえ満足に商品が揃わなかったので、五、六月中は岩手県内に限っての販売を行いました。

また、それまで顧客であった業者の七割が被災していたこともあり、売上は前年度比一五％程度でした。自社で製造ができない状況のなかで八木澤商店が考えたのは、全社営業体制にして東京や名古屋へ営業に出向くことでした。今でこそ八木澤商店には製造部がありますが、このときは全員が営業部として奔走したのです。その結果、お中元やお歳暮に利用してくれるお客さんも増えていきました。七月になると商品を全国に発送することが可能となり、一一月には、岩手県花泉の食品工場を借り、復旧工事を経て、製造委託の味噌・醤油を使ったつゆ・たれ製造が開始されました。

◉ピンチもチャンスに

震災前とは全く異なる状況に立たされることとなった通洋さんでしたが、どんな苦境のときであっても通洋さんは前進することを止めません。震災後、「味噌、醤油を守る会」を岩手で結成し、岩手のオリジナルの酵母菌を作ってブランド化を目指す取組みも始めました。

また、震災後だからこそ、より商品の品質向上を目指す必要があるとして、同業者間で品評会を行ったりもしています。これは目隠しをしてきき味をし、お互いが指摘し合うことで、自社の製品の改善点を見出すものです。プライドが傷つかないように〝目隠し〟をすることがポイント。他社からの非難は自社製品の向上につながるということで、よりよい商品開発を他社と協力して行っています。製造が思うようにできないときだからこそ、「今なにができるのか」ということを常に追求しているのです。

◉セキュリテ被災地応援ファンド

震災後、社員一人も解雇することなく、経営を再開できたのには、あるファンドとの出会いがあったからでした。それは、ミュージックセキュリティーズによるセキュリテ被災地応援ファンドです。このファンドは、東日本大震災の被災から立ち上がる業者を、出資を通じて応援するというもので、一口一万円から自分の好きな事業者に出資することができます。この一万円のうち、半分は投資、半分は寄付であり、事業者は事業の再建・復興のために必要な資金を集めることができます。投資家の特典としては、出資先の商品が届いたり、事業者の工場見学ができたりなどさまざまです。また、出資先の事業者の事業内容などもオープンになっているので、いつでも事業の様子が分かるようになっています。

このファンドを立ち上げたミュージックセキュリティーズは、小松真実氏が本来ミュージシャンの音楽制作のための費用をファンからの小口出資で集められないかという思いから、ファンドの仕組みを考えました。その後、レストランや伝統工芸などにもファンドを拡大していましたが、この震災を受け、被災地の事業者を応援するセキュリテ被災地応援ファンドを新たに創設したのです。

◉復興ファンドとの出会い

通洋さんがこのファンドを知ったのは、知り合いから紹介されたからだそうです。ファンドの話を聞いた当初は、あまりに事業者に優しいファンドであったため、疑心暗鬼な部分があったといいます。しかし、今回の震災で特別損失を計上し、債務超過に陥っているなか、雇用についてはなんとしてでも維持していきたいと考えていた通洋さんは、まず「つゆ・たれ工場」を建設する資金をファンドで集めることを決めました。「つゆ・たれ類」の製造・販売事業で会社全体の労務費を賄うことができれば、社員の雇用も守ることができるからです。

また、出資者に対しては、今回の出資に対するリスクも説明した上で出資を募りました。さらに、今後、目標達成のための経営計画など会社のすべての情報を開示することを約束したのです。

こうした通洋さんの思いは多くの人に届き、ファンド創設から五か月も経たないうちに、目標金額である五〇〇〇万円に到達しました。出資者は一六〇四名に及びます。なかにはメッセージを添えてくれた人や、海外から出資してくれる人もいたそうです。

◉全国に広がるファン

多くの方の支援のおかげで工場も作ることができましたが、それ以上に個人のお客様が増えたことがなにより嬉しいと通洋さんは話します。セキュリテのファンドを通じて八木澤商店のファンは全国に広がりました。もちろん商品の品質が優れていることも大きな理由ですが、社員とお客様、そして地域を大切に思う通洋さんのファンになった方も多くいらっしゃるのではないでしょうか。

その後、「しょうゆ工場」を再建するために、再びファンドを創設しました。八木澤商店が醤油メーカーとして真に復興したと言えるためには、自社の蔵で醸造を再開することが不可欠です。一日も早く再び真の醸造業に戻れるよう、八木澤商店は歩みを止めるとなく進み続けています。

◉八木澤商店の経営理念

「私たちは、食を通して感謝する心をひろげ、
地域の自然と共にすこやかに暮らせる社会をつくります
私たちは、和の心を持って共に学び、誠実で、優しい食の道を目指します
私たちは、醤《ひしお》の醸造文化を進化させ伝承することで命の環を未来につないでゆきます」

八木澤商店の社長室には、今も経営理念を記したプレートが掲げられています。この経営理念は震災で一度流されたものの、無事見つかり、今もなお飾られています。経営理念とは自分がふとそれを見た時に、間違いなくこの通りに経営してきたと思えるものだと通洋さんは言います。

また、社員も同様です。ボロボロになって仕事をし、自分立ちは何のためにここまで仕事をしているのかとふと疑問をもったとき、その答えとなってくれるのが経営理念なのです。

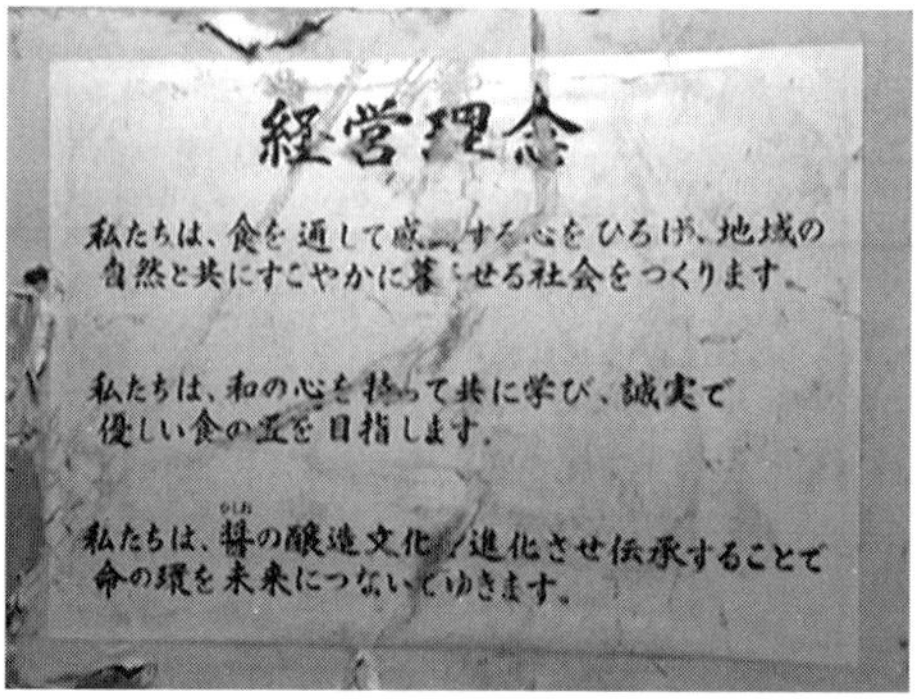

がれきの中から見つかった経営理念

しかし、人間は常に高尚ではありません。頭では分かっていても、適切な行動ができないときだってあります。そんなとき突き動かしてくれるものが人間関係です。同じ場所で仕事をし、一緒にご飯を食べ、楽しいことも辛いこともすべてを分かち合う仲間。「こいつのためにやってやるか」。社員同士にそうした思いが生まれたとき、組織はさらによくなっていくのだと通洋さんは話します。

◉封印された経営理念

しかし、この経営理念を封印したことがありました。それは震災直後のときです。八木澤商店の経営理念は醸造業であるがゆえのものなので、醸造業に戻れるか分からなかった震災直後の時期に、通洋さんはこの経営理念から別のものに変えることとしました。

「生きる　暮らしを守る　人間らしく生きる」

これを基本方針に掲げたのです。震災三日後のことでした。人間として生きていくための最低条件ですが、震災ですべてを失ってしまったため、中小企業家同友会全国協議会（中同協）前会長の赤石義博さんが常に語っていた言葉を基本として経営再建することを誓ったのです。

再び経営理念が戻されたのは、工場が再建したころでした。通洋さんの名刺の裏には、しっかり醸造業としての経営指針が記されています。再び醸造業の経営理念を掲げ、八木澤商店は新たなスタートを切り、走り出しているのです。

◉さらなる高みを目指して

震災直後は全社営業体制で進めていた八木澤商店ですが、今では震災前と同様に、商品企画部や製造部が設けられています。社員の中には、勤続四八年以上の方や、職人としては東北ではじめて「しょうゆもの知り博士」の称号を授与された方もいます。ホームページのスタッフ紹介で、そうした社員一人一人を丁寧に紹介しているのですが、ここでも社員に対する愛がひしひしと伝わってきて、見ている方が温かい気持ちになります。

こうした社員によって、震災後新たな商品も生み出されました。

「君がいないと困る」「あなたのいるわたしの暮らし」「ゆっくりねのんびりと」

これらはすべて、商品の名前だというのだから驚きです。商品名としては一風変わっていますが、その名前ゆえに、結婚披露宴の引き出物に使ってもらうことが何度かあったそうです。ぽん酢、ごまだれ、しょうゆドレッシング、ノンオイル焼肉のたれ、丼もののたれなど種類も多岐にわたり、お客様のニーズに対応すべく社員も商品開発に励んでいます。

また、八木澤商店はスイーツの領域にも果敢に挑戦しています。二〇一二年一二月には、東京・三軒茶屋にある、ブーランジェリー「シニフィアンシニフィエ」とコラボして、八木澤商店の味噌「和

（やわらぎ）」を使った焼き菓子クグロフを作りました。

さらに、二〇一三年二月からは本格的に味噌スイーツを始めており、これがとても話題を集めています。味噌スイーツの種類は二種類で、半熟カステラの「みそパンデロウ」と「みそチーズケーキ」といったラインナップです。製造は、岩手県一関市のアーク牧場さん。自家製のオーガニックな小麦粉に新鮮な卵をふんだんに使用し、これに、八木澤商店特製の味噌を加えています。「みそパンデロウ」は、解凍後、電子レンジで一五秒ほど温めると、半熟部分はとろっとして、カステラとは違う新たな食感を楽しむことができます。味噌のほんのりとした香りが香ばしく、黄身の濃い卵と絶妙にマッチしているのです。そのあまりの美味しさに、販売からすぐ売切れとなってしまいました。そして、二〇一三年岩手県ふるさと食品コンクールでは最優秀賞を受賞したのです。

◉食の安全を守るために

こうした商品開発だけにとどまらず、地域の食を支える企業として、震災後さまざまな勉強会を社員とともに行っています。有機栽培コーヒーをフェアトレードでお届けするコーヒー屋にとどまらず、環境問題や文化活動にも積極的に関わっている、福岡の株式会社ウィンドファーム代表・中村隆市氏を招き、「チェルノブイリ原発のその後」という題目で社内研修を開催したこともありました。そこでは、福島原発の風評・実被害に対し、自分たちはどのような対策、生き方をすればよいのか、そして安全神話が崩壊した今、どのような暮らしをすれば自然と共存できるのか、ということを議論しました。八木澤商店のすべての商品について、放射性物質検査分析結果が分かるようになっていることからも、こうした食の安全に対する意識の高さがうかがえます。

さまざまな取組みの根底にあるものはすべて、お客様のニーズを満たすための取組みであるということです。お客様に喜んでもらえるよう商品開発に励み、安心を感じてもらえるために商品に関するすべての情報をオープンにする。これらは当たり前に思えるかもしれませんが、利益だけを追求する企業であればこうした取組みはなかなかできるものではありません。経営理念に、「地域の自然と共にすこやかに暮らせる社会をつく」ることを掲げ、そこからぶれることなく経営を進める八木澤商店だからこそ成せるものなのです。

◉地域の子どもたちのために

震災前から、八木澤商店は地元の小学生に対して出前授業を行ってきました。醤油がどうやってできるのか、材料はどこのものを使っているのか、どれほど手間と時間がかかるものなのかということを、子どもたちは実際に工場を回り、社員の方の話を聞くことで学びます。そして、日本醤油協会が「食育」推進の一環として開催する「しょうゆ感想文コンクール」では、過去に何度も地元の小学生が受賞しています。

次に紹介する作文は、八木澤商店のホームページでも紹介されていた小学生の作文です。第二回「しょうゆ感想文コンクール」（主催・日本醤油協会）で、地元・陸前高田市立長部小学校三年生が、全国一五〇四点の中から審査委員特別賞を受賞しました。

「八木さわ商店に行ったよ」

わたしは、八木さわ商店に行ってきました。八木さわ商店でいろいろなことを教えてもらいました。

まず、はじめにしょう油やみそについて勉強しました。しょう油には三百しゅるいのにおいがあるそうです。八木さわ商店の人がしょう油をこがしたとき、わたしはおもちをやいたときのにおいくらいしか思いつかなかったけれど、三百しゅるいもにおいがあるなんてすごいと思いました。あと、しょう油のげんりょうは大豆、小麦、塩だそうです。小麦もしょう油に入っているなんて知りませんでした。大豆にはお肉と同じたんぱくしつというえいようが入っているそうです。小麦にはでんぷんが入っているそうです。わたしは、大豆や小麦にえいようが入っているとはじめて知りました。

八木さわ商店の人が、「大豆は、市内でとれた大豆を使っています」と言っていました。まさか、高田市内の大豆を使っているなんて知らなかったのでおどろきました。また、小麦も岩手でとれた物を使っているそうです。

ほかにも、工場は二百年前にできたそうです。かべがりっぱな昔風のくら作りのたて物でした。古かったけどとても二百年前にできた工場とは思えません。とてもがんじょうだなと思いました。

八木さわ商店の人に、

「何かしつ問はありませんか」

と言われて、だれかが、

「何人はたらいていますか」

と聞きました。そしたら、工場には一〇人、つけもの工場には二〇人いることが分かりました。他にもはんばいに行く人は六人で、じむしょには六人いて、全員で四二人いるそうです。しょう油の他にもつけもの工場が分かったし、たくさんの人がはたらいているんだなと思いました。

こうして、大豆はなっとうやみそ、しょう油などいろいろな食品にすがたをかえていることが分かりました。むしたり、目に見えない生き物の力をかりて食べるほうほうも知ることができました。これからも大豆のことを調べていきたいです。――

◉醤の醸造文化を伝える

子どもたちの作品の中でとくに注目すべき点は、醤の醸造文化が子どもたちに伝承されているのはもちろんのこと、子どもたちの誰もが八木澤商店の醤油を一番と思い、そこで働く方々に尊敬の心を抱いている点です。自分の地域に誇るべき企業、大人がいることは、子どもたちにとって大変幸せなことです。なぜなら、こうした存在を通じ、子どもたちは自分の地域を誇りに生きていくことができるからです。食育にとどまらず、子どもたちの地域に対する愛情を育むことに貢献する八木澤商店は、まさに地域の理想的な企業であります。

残念なことに工場見学はいまだ再開されていませんが、小学校での味噌作り教室は震災後も毎年行われています。お鍋で大豆を蒸し、米麹を入れて混ぜるという作業。子どもたちはニコニコ顔で大豆をこねます。味噌の完成は一年後。その間一か月に一回、発酵させている大豆をまぜるのです。生き物を育てるように味噌に手をかけるなかで、子どもたちはまさに命をいただいていることを学ぶでしょう。国語や算数はもちろん子どもたちにとって大切な勉強ですが、生きていくなかでより知っておくべきことを八木澤商店は伝え続けているのです。

◉新工場と新社屋

二〇一二年一〇月一三日、岩手県の一関市大東町に八木澤商店の新工場が完成しました。工場は旧大原小学校の敷地内に建設され、つゆたれ棟、原料棟、生揚棟の計三棟が並んでいます。いずれも蔵ふうの鉄筋平屋造で、建物面積は延べ一五二四平方メートル。放射能検査をはじめ品質管理も自社で行っています。

通洋さんは震災前から八木澤商店があった陸前高田ではなく、大東町に工場を建設することについて、やはり考えるところがありました。もちろん陸前高田で工場再開を検討したそうですが、施設の一部が整えられなかったため地元での再開を断念し、大東町に移転することを決めたのです。地元の人からは、「あれだけ地域のためと言っている八木澤商店も、結局は陸前高田から出て行った」と言われることもあったと言います。

それでも自社の工場建設にこだわったのは、早く醸造業を再開し、よいものをつくり、食卓に喜びと感動を生み出し、みなが健康で幸せに包まれるように祈りながら仕事をしたい、という強い思いがあったからでした。

◉陸前高田に本社を

工場は陸前高田につくることができませんでしたが、新しい本社は二〇一二年一〇月に陸前高田の矢作というところへ移されています。一〇年前に閉じた旅館を改築して建てられた新社屋と店舗は木造のなんとも風情がある佇まいです。窓の冊子まで木でつくられており、細部までこだわりが見えます。コピーライターである糸井重里さんが京都の建築家を紹介してくれたのだそうです。

八木澤商店の往時を再現したミニチュア

また、店舗には被災前の八木澤商店のミニチュアが飾られていました。これは北海道にいるお客様が一年がかりで作ってくれたそうです。瓦やなまこ壁が再現されている外観もさることながら、内装も細かく再現されており、ミニチュアの「商品」や「経営理念」もそのままあるのです。ラベルも、縮小して貼られているので、虫眼鏡で見ると、まさに商品そのもの。汚れたり破れたりしながらも見つかった経営理念もそのままあります。引き戸も、左右にちゃんと動きます。このミニチュアをまるで家宝のように大切に飾っていました。

◉かさ上げ事業を観光コンテンツに

震災から四年目が経過しても、相変わらず陸前高田は一本松を見に来る観光客やリピーターとして訪れる人でホテルはいっぱいの状況です。

また、更地となった地域は大規模なかさ上げ事業が行われており、その様子を見に来る人も多いのだそうです。八木澤商店もかさ上げ地区に「八木澤商店　一本松店」というカフェを展開しており、八木澤商店のお醤油や、お出汁、味噌、スイーツなどを販売しているほか、店内でソフトクリームやご当地グルメのひっつみ汁なども提供しています。

ベルリンの街が壁を壊してからのゼロからのまちづくりを観光のコンテンツにして成功したように、陸前高田も復興までのプロセスを観光コンテンツにできれば、観光が地域の産業となり得ます。

また、陸前高田は震災遺構を防災メモリアルパークというエリアで設定しており、防災関連の施設を陸前高田に集中させることで、防災教育の拠点にしていこうともしています。視察や修学旅行などでも訪れてもらえるようになることが今後の目標です。

◉労働力不足という課題

震災で陸前高田の八六・四％（約一〇〇〇社）の企業が全壊しましたが、そのうちすでに五〇％以上の企業は事業再開していると通洋さんは言います。一〇〇〇社のうち三〇〇社くらいは経営者がなくなったため廃業が避けられなかったことを考えると、かなりの再開率です。

有効求人倍率は、震災からわずか一年半で震災前の数字を超えました。ちなみに二〇一四年八月における有効求人倍率は一・八六倍～二倍を行き来するまでになったのです。

しかし、同時に仕事があっても働く人がいないという状況にも陥っていました。以前、陸前高田にセブン‐イレブンがオープンすることになりましたが、オーナー募集をしてもなかなか集まらず、三か月経ってようやくオープンができたそうです。

八木澤商店も同じく労働力不足に頭を抱えています。採用募集を出しても応募者が集まらず、結局募集を取り下げることになったこともありました。今後被災地では会社がもっと回復し、それとともに求人も増えることが予想されますが、その際に労働力が確保できないのではないかということが最大の課題となっています。

さらに、地元の高校生には地元進学を勧めるよう高校の先生にも協力してもらっていましたが、二〇一四年は二三〇人の求人があるにもかかわらず、実際に地元就職を希望しているのはわずか八〇人程度でした。さまざまな補助金や奨学金のおかげで進学する学生が増えたことも要因の一つであるといえます。進学した学生が陸前高田に戻りたいと思えるような地域づくりをしていかないと、今後ますます産業の衰退が加速する一方です。震災から四年目を迎えた陸前高田は、新たなる課題に直面していました。

◉陸前高田の未来

このような状況に対し、通洋さんはまちがどんなに復興しても人手不足は今後解消することはないだろうと言います。そうであれば、いかに住みやすいまちにして定住人口を増やすかが、これからの陸前高田には重要になってくるのです。

まちが生き延びるために必要なのは「食べ物とエネルギー」であると通洋さんは考えています。都会はこれが自給できませんが、地方だとこれが可能です。ここに地方が生き残るポイントがあるのです。

食べ物に関しては、八木澤商店は震災前から取り組んでいましたが、エネルギーについても最近動きがあったそうです。

二〇一二年、気仙沼では「気仙沼地域エネルギー開発株式会社」が設立されました。林業では森林に密集する木々を間引いて生育を促す「間伐」が欠かせないのですが、この間伐材を林業の従事者から集めてバイオマス発電に利用します。気仙沼市では間伐材の買取制度を設けて、その対価の半分を地域通貨の「reneria（リネリア）」で支払う仕組みがつくられました。陸前高田もこの取組みに参加しており、これからエネルギーも自給できる地域づくりを目指しています。

人口が減ることは脅威ではないと断言する通洋さん。食べ物とエネルギーを自給するべく着実に準備を進めている陸前高田は、何十年後の未来に日本でも有数の先進地となっているかもしれません。

まだまだ再建途中ですが、八木澤商店は着実に前に進んでいます。ゼロからでも立ち上がれると信じて突き進むその姿勢は、被災地の企業だけでなく、全国の中小企業のみなさんにも勇気を与えるものとなっているのです。また、地域を思い、従業員を大切にし、食を守ることに全力を注ぐ通洋さんは、今や陸前高田だけでなく東北や日本全体から注目される存在となりました。義理と人情を大切にする通洋さんの姿は、まさに古き良き日本人そのもの。中小企業の力を結集させて復興に立ち向かう通洋さんのさらなる活躍を期待せずにはいられません。

〈参考資料〉
・八木澤商店ホームページ　http://www.yagisawa-s.co.jp/
・岩手県中小企業家同友会ホームページ　http://iwate.doyu.jp/
・なつかしい未来創造株式会社ホームページ　http://www.natsu-mi.jp/
・『鹿児島同友ひっ飛べ通信』２０１４年5月号

2 この地で生きていく　気仙沼物語

1 気仙沼で生きる企業「八葉水産」

◉水産業のまち気仙沼

宮城県気仙沼市は全国屈指の水産都市です。水揚量では八戸、石巻に次いで東北で第三位の水揚げを誇っており、水揚金額では、八戸に次いで東北第二位の漁港でした。

しかし、水揚げの最盛期はこんなものではありませんでした。今までの気仙沼魚市場の最高記録は、一九八七年水揚量一六〇万トン、一九八二年水揚金額三六九億円とされており、気仙沼が全国的にも名高い漁港であったことが分かります。

また、水揚げされる魚は、カツオやマグロ、カジキ類、サメ、サンマなど多様です。

このように気仙沼では大量かつ多様な魚が獲れたことから、それに関連する幅広い産業が形成されていきました。

震災前の気仙沼の漁港

◉沿岸部に集積する水産業の複合体

とくに沿岸部には多様な産業が集積しており、漁船の代行として魚を市場に揚げる廻船問屋、魚市場の買受人である卸売業者、水産加工業者、冷蔵・冷凍事業者、製氷業者などを基本とした水産業の複合体が形成されていました。

その他、水産関連部門として、造船や修理関連の鉄工所、船舶電機業者、塗装業者、船舶への燃料供給業者に加え、船舶に積む食糧・水の供給業者、漁具・船具業者、餌業者、船舶の日用品（カッパ、クレンザー、デッキブラシ等）業者などが広がっていたのです。

こうして水産関係の業者を一通り挙げてみるだけでも、気仙沼の産業がいかに水産業を中心に構成されていたかが分かります。

このことは同時に、気仙沼の人々の雇用の大部分を水産業が抱えていることを意味します。漁師として船に乗る人もいれば、水産加工の工場でパートとして働くお母さん方もたくさんいました。また、気仙沼はカキやホタテ、ワカメの養殖が盛んなのですが、養殖業を営むかたわらでタクシーの運転手をして生計を立てている人もいました。それほどまでに気仙沼にとって水産業は基幹産業であり、まち、人などすべてを支えているものだったのです。

◉気仙沼と水産加工業

気仙沼には多くの漁業に関連する産業が集積していましたが、地元が潤う産業としては魚を獲ることよりも、むしろ水産加工業が主体になっていました。この点が同じ第一次産業である農業と異なるところです。

しかし魚の場合は、鮮度が重要であり、また加工に海水を大量に使うので、加工は水揚げした漁港周辺で行われます。そのため水産加工業は地場産業へとなっていきます。気仙沼もこのような水産都市でした。

例えば、気仙沼の二〇〇九年の水揚金額は一九六億円ですが、同年の水産加工業生産額は四二一億円で水揚金額の二倍以上です。主な品目は、冷凍加工品、調味加工品、缶詰、すり身、フカヒレ、節製品、笹かまぼこなど。なんと、二〇〇九年は水揚げと水産加工で合計六〇〇億円以上にものぼりました。まさに水産加工業は気仙沼にとって経済を支える基幹産業であったのです。そしてそれは同時に水産加工業が地域の人々の雇用の重要な受け皿にもなっていたことを意味しているのです。

◉二次災害に見舞われた気仙沼

東日本大震災は東北から関東北部に甚大な被害を及ぼしましたが、地域によって被災の状況は大きく異なります。全般的な傾向として、リアス式海岸の場合、地震による地盤沈下に加え、津波による被害が圧倒的でした。

一方、気仙沼の場合は津波による被災もありましたが、さらにその後、湾口に設置されていた石油タンクから重油が流失したため、火災が生じるという二次災害もありました。それは湾内だけでなく、水産加工工場集積地にまで広がり、気仙沼湾に突き出た埋立地エリアの水産加工工場をすべて壊滅させたのです。

さらに、この地震により、気仙沼の湾岸の地盤は約七〇～八〇センチメートル沈下しています。この地盤沈下により、地中から水が湧き出てしまうといった現象が至る所で見受けられました。震災から四か月経過した時点においても、満潮時には浸水高が場所によっては膝の高さを超えるほどでした。そのため、浸水する道路を砂利で数十センチかさ上げしてトラックを通し、水産加工団地の瓦礫処理を進めました。

また、水産加工場集積地の中には住宅もあったのですが、壊滅状態であるため居住者はいません。このエリアには建築制限（当初、二〇一一年九月一一日まであったが、二〇一三年三月一〇日まで延長）がかけられており、二〇一一年七月に入ってようやく電柱の設置が開始され、一部に通電が始まっている状況でした。

◉復旧が進まない水産業

沈下した魚市場の岸壁に関しては、船が着岸できるように七〇センチほどかさ上げする工事を二〇一一年六月一〇日までに完成させ、同年六月二八日早朝にはカツオの水揚げを再開させました。このカツオの水揚げを可能にしたのは、岸壁のかさ上げ・修復に加え、製氷工場の復旧によるところが大きいといいます。とはいえ、気仙沼では冷蔵・冷凍庫が機能しない限り、鮮魚以外の取り扱いができません。一体いつになったら漁業が本格的に再開できるのか、誰もが先の見えない不安を抱えていました。

地盤のかさ上げ、廃水処理施設の整備、下水の敷設が進んでいかないと、水産加工業は復旧さえできません。震災後しばらくの間、かさ上げ計画の決定、施工、さらに、建築制限の一部解除による修復可能な工場の再開が課題となっていたのです。

◉甚大な危害を受けた八葉水産

気仙沼市街地に近く、魚市場に近いあたりに展開していた水産加工工場群は津波と火災により壊滅状態となってしまいました。また、市街地から南におよそ三キロメートルの松岩地区にあった水産加工団地は火災の被害はなかったものの、津波により多くの工場が流されてしまいました。

気仙沼で四〇年近く水産加工業を営む八葉水産も、津波による甚大な被害を受けました。松岩地区にある本社工場も比較的高台にあったのですが、一階部分は被災し、五〇人ほどいた従業員のうち二

被災した八葉水産の工場

人が津波の第二波で亡くなってしまいました。

◉自宅での共同生活

八葉水産の二代目社長である清水敏也さんは、三月一一日当時、魚市場の近くにある物産館「海の市」の屋上に避難していました。なんとか命は助かりましたが、しばらくは動きがとれなかったため、清水社長が本社にたどり着いたのは震災から一週間後の三月一七日のこと。瓦礫をかき分けて社屋の三階に上り水産加工団地を臨むと、団地のすべての工場が津波によって流されていました。

また、本社従業員の多くは階上《はしかみ》地区などの津波被災の大きかった地区から通って来ていたため、家を失ってしまった人がほとんどといった状況でした。

幸運にも清水社長の自宅は無事だったので、震災後一か月は自宅を避難所として開放することにしました。多い時には六〇人近くの人が寝泊まりしましたが、被災者のみなさんのことを想うと泊めてあげずにはいられなかったと清水社長は話します。この間の共同生活を通して、地域とのつながりをより一層強く感じることができ、気仙沼における八葉水産の存在意義を再確認するきっかけとなったのです。

◉気仙沼で生きてきた八葉水産

八葉水産の創業は一九七二年、現在の清水社長の父親を中心に四人の有志が集まりスタートしました。

八葉水産の創業前はというと、清水社長のご両親が中心となって個人創業の小さな加工屋をしていました。市場で揚がった魚を持ってきて、スケソウダラの切身の味噌漬け、粕漬け、サンマの味醂干し、深海魚のあぶら底ムツの切身の味噌漬け、粕漬けなどを作り、またそれらを市場に届けて生計を立てていました。規模も本当に小さな家内工業で、ご近所の住民の方々に働きに来ていただいていたそうです。小さいながらも活気があって笑い声が絶えない、良い雰囲気の職場だったと清水社長は話します。

その後、会社を設立してからは、サバの味噌漬け、粕漬け、しめサバ、イカの塩辛、メカブの醤油漬け、モズク加工など幅広い商品を開発・生産する他、サンマ、イカの冷凍なども扱っていました。

◉全国に届けられていた八葉水産の商品

震災前の売上額規模は四〇億円で、その内訳は、イカの塩辛が約五〇％、海藻類三五％、その他にサバやサンマの加工といったものでした。とくに、主力であるイカの塩辛の出荷量は、地元でも一、二位を争うほどでした。

海藻類は参入も多いため利幅が少ない一方、イカの塩辛、サバ、サンマの加工は伸びていたそうです。これだけの事業展開を行っていたので、材料の仕入れの範囲も広く、主力のイカの仕入れは北海道の羅臼から、石巻、さらに九州の佐世保のあたりにまで広がっていました。また、海藻類は三陸を中心に、北海道、鳴門、さらに韓国、中国からも仕入れ、サンマやサバは地元の気仙沼、大船渡産が中心でした。

販売先は、全国の大手量販店のすべてと取り引きし、また、生協やコンビニエンスストアにも入れるほど。八葉水産はまさに気仙沼の看板を背負い、気仙沼を全国に発信する大きな役目を担っていたのです。

◉社員を守るための決断

八葉水産は、気仙沼内に六つの工場と冷蔵施設を有していました。しかし、津波によりすべての工場が被災し、うち四つは流されてしまったのです。被害額は一〇億円以上に及びます。

このような状況を受け、清水社長は、社員全員を解雇するという決断をしました。雇用保険で社員の生活を守ることがまずは重要だと判断したためです。

「僕にとって社員は家族同然。誰かを残して、誰かを辞めさせる、そんなことはできませんでした。

全員残ってもらうか、全員解雇するか。その選択肢しかありませんでしたね」。

社員への退職金を払い終えたら、清水社長は会社をたたもうと考えていました。

◉社員とともに再建を誓う

しかし、その後も解雇した社員たちが「今日は何をしますか？」と言って毎日会社にやって来ました。みんな無給で被災した工場の瓦礫を片づけていくのです。初めは途方に暮れていた清水社長も、社員達と一緒に瓦礫や土砂を撤去するにつれて、だんだんと元気が出てきました。

「この仲間たちがいれば、きっともう一度がんばれる。必ず一年で工場を再開させてみせる」。社員にも必ず雇い直すことを誓い、清水社長は再建への決意を固めました。

震災直後、無給であるにもかかわらず被災した工場に来て瓦礫撤去を行い続けた社員はこう言います。

「私は八葉水産での水産加工の仕事が大好きでした。だから何としてもここを再建させ、またみんなと働きたかったんです」。

もう一度八葉水産で働きたいという社員の思いと行動が、廃業を考えていた社長の決意を覆すきっかけとなりました。こうして八葉水産は社員の後押しもあり再建へと歩みだしたのです。

◉社員を大切にする経営

震災で社員と会社の結びつきの強さが浮き彫りになりましたが、その背景には、これまで八葉水産が社員を大切にする会社経営をしてきたことがあります。

清水社長は二四歳で父親が経営する八葉水産に入社し、三六歳で社長になりました。二代目として社長職に就いてからは、社員と家族同然の関係を築きながら、厳しくすべき時には毅然と接することで、リーダーとしての存在感を高めていきました。

さらに、社員にとって働きやすい環境づくりにも努めました。社長になってから三つ目の工場を建設する際に、清水社長は「トイレ・食堂・休憩室をきちんとつくろう」と考えました。その工場は二階の食堂から気仙沼の良い景色が見えるようなつくりになっています。本来なら来客用の応接室などにするのがいいのかもしれませんが、清水社長は社員がより気持ちよく休憩できる場所をつくることの方が重要だと考えたのです。自己満足かもしれないけれどその選択は間違っていなかったと、清水社長は話します。

社員も職場環境に大変満足している様子で、

「うちの会社はとてもきれいになりましたね。外を眺めながら食事ができるとは思ってもみませんでした。こうした環境をつくっていただいたので、今はとても働きやすくなっています」。

「休憩室にエアコンが入っているなんて。自宅でさえも入っていないのに」。

と、喜びの声をあげていました。

これは一つの例に過ぎませんが、こうした清水社長の気遣いは結果的に社員からの信頼を高めることにつながっていきました。そして震災を通じ、より一層社員と社長の絆は強くなっていったのです。

◉明日やることがないことほど辛いことはない

八葉水産はすべての工場が被災してしまったため、再雇用を約束するも、ひとまず従業員の全員を解雇しました。しかし、この状況は八葉水産に限ったことではありません。気仙沼の水産業全体が壊滅的な被害を受けてしまったため、多くの人が職を失うことになってしまったのです。とくに気仙沼は雇用の大部分を水産業、とくに水産加工業が支えていたため、人々に与える震災のショックは他の地域よりも大きいものでした。

清水社長と社員の皆さん

ハローワーク気仙沼によると、気仙沼市、南三陸の二〇一一年一〇月における求人数は一七〇三人、求職者数は四三二一人で、有効求人倍率は〇・三九。震災以降、七か月続けて県内最悪を記録していました。

宮城県内八か所のハローワーク別に同じく一〇月の求人倍率を前年同期と比較すると、気仙沼以外は七か所とも上回っていました。県内では雇用状況に改善の兆しが出てきたのに対し、気仙沼地域だけが持ち直せていなかったのです。

とくに、食品製造に限ると求人は三割も減少しました。それは、水産加工会社の再建の鈍さが、有効求人倍率に大きく影響していたからです。というのも、加工場が密集していた魚市場周辺や鹿折《ししおり》地区は「被災市街地復興推進地域」に指定され、大規模工場の建築は制限されていました。なかには自力でかさ上げをし、工場を建てる企業もありましたが、そんなことは資金が十分な大企業に限られています。多くの小規模な企業はただ行政の判断を待つしかなく、そのため工場の再建が進まずにいるのです。

こうした地域の状況に対し、清水社長も大変危機感を感じていました。震災直後から自宅を避難所として開放し、多くの人の様子を見ていくなかで、少しずつ人々の心境が変化していくのに気がついたからです。

誰もが初めは一日一日を生き延びるだけで幸せを感じていました。しかし、生活が安定するに従って、何もやることがなく日々が過ぎていくことを辛く感じるようになっていったのです。失業保険のおかげで収入はあるけれども、みんなどこか物足りなさを感じていました。

こういった状況になり、働くということがいかに人間にとって大きな意味があるのかを、清水社長もまた実感したと言います。そして、明日やることがないということがいかに辛いかということも、この震災で強く感じました。

◉生活再建と産業再生

震災では仮設住宅や物資の配給など、人々の生活基盤をまず整備することが進められました。経済に関して言えば、大企業のサプライチェーンは早期に回復したものの、地元に根付いた企業に対する補償や助成制度といったものは後回しにされていた感じがあったことも否定できません。しかし、人々の生活再建と産業再生はいずれかを優先させてよいといったものではなく、どちらも本当に重要で、両方を同時に進めていかなければ地域全体として復旧・復興していくことはできないのです。今回の震災ではもっと地元企業に対する支援があってよかったのではないかと思って仕方ありません。

しかし、清水社長はそういった行政的問題に不満を言うことなく、現状を改善するために何ができるかということを考えました。

「工場が被災した今、今までのように水産加工を行うことはできない。とはいえ、これまで水産加工会社として果たしてきた、気仙沼の雇用を守り、気仙沼を全国に発信するという使命を別の形で果たせないだろうか」。

そう考えたときに思い浮かんだのが地域会社「GANBAARE」（ガンバーレ）の設立でした。もう一度働く場所を人々に提供できるように、生まれ育ってきた気仙沼の名を全国に広めるために、水産加工とは全く異なる事業が動き出したのです。

◉「GANBAARE」の誕生

清水社長のご自宅を初めて訪ねたとき、気仙沼と港町の名前に、市の花であるヤマツヅジ、市の鳥であるウミネコ、そして、水産の町の象徴イカリがデザインされた帆布で作られたカバンが飾られていました。これは、震災後、清水社長が立ち上げた「GANBAARE」という会社の看板商品です。多くの人が失業状態になったことに対し、なんとか雇用の場を作り出したい、気仙沼を全国に広げる新たな特産品を作りたい、愛する気仙沼へエールを発信し続けたい、といった思いから設立されたこの会社。幅広い事業が行えるように、会社の定款でも事業領域を広く設定しています。

清水社長のご自宅に飾られている GANBAARE の帆布バッグ

そこでまず初めに清水社長が取り組んだのが、帆布を使用した製品づくりだったのです。これならミシンとアイディアだけでスタートできます。一緒に立ち上げたのは、シート製作会社をしている宍戸正利さんでした。とことん気仙沼、そして漁業にこだわって作られたGANBAAREの製品は、デザインからすべて一点一点丁寧に作られています。そのすべてに復興の願いが込められているのです。

◉地域への誇りと愛が詰まった商品

清水社長はGANBAAREの商品を紹介してくれたとき、とても誇らしげな表情をしていらっしゃいました。

「どんなブランド物のバッグも家に飾っておく人などいない。しかし、GANBAAREのカバンは胸を張って家に飾りたくなるもの。そこが他のブランドものとは違う。このカバンには地域への誇りと愛が詰まっている」。

気仙沼とそこに生きる人たちのために始まったGANBAAREはすぐに評判になりました。とくに家を流されてしまった人たちにとっては、たくさんの思い出が詰まった土地の名前はとても大切なもの。なかにはバッグを見て涙を流す人もいたそうです。

また、震災後、気仙沼の人々の元に全国からたくさんのお見舞いが届きましたが、そのお返しに気仙沼のものを贈りたくても贈れるものがない、といった状況でもありました。そういったときにGANBAAREの商品はまさにうってつけだったのです。一人で一〇個、二〇個と購入する人もいたため、生産が間に合わなくなってしまうこともあるほどでした。

◉ものづくりの原点を行くGANBAARE

気仙沼には昔から漁業や水産加工で使われる前掛けやシートを作るシート屋が多く存在していました。しかし、今回の津波で、数多くの仕事場や縫製工場が流されてしまいました。そこで、GANBAARE

が職場を失った職人の方々の雇用の場、とくに女性が働ける場所を作れないかと清水社長は考え、小さな工房での製品作りが始まったのです。

スタッフのなかには震災前に有名ブランドの縫製工場で働いていた職人もますが、もともとは主婦でGANBAAREをきっかけに縫製の仕事を始めたという方も。

清水社長の奥様である節子さんもその一人です。お話をうかがうと、「まさか自分が縫製の仕事をするようになるなんて思わなかった」とおっしゃっていましたが、その表情はとてもイキイキしていました。片手にトンカチを持って黙々とボタン付けの作業をしていきます。

他のスタッフの方も同じです。これまでモノを作ったり、接客をしたことがなかったけれど、自分たちの作ったもので喜んでくれるお客さんの姿を見た時、何とも言えない幸せな感情が湧きあがってくるのです。

◉お客さんの笑顔がパワーになる

被災地という状況のなかで、自分たちの商品を手にとったお客さんが笑顔になってくれることは、なによりの力の源となりました。自分たちはGANBAAREの商品を作っているが、それは同時に人々の笑顔を作っていることにつながる。それを経験したスタッフたちは、デザインや企画など、これまで経験していなかったことに関してもみんなで勉強しながら取り組みました。

そのチームワークは凄まじく、多少の困難があってもそれに負けずに次々と乗り越えていきます。また、チームを支える節子さんは、やはり清水社長のように一緒に働くスタッフを大切にし、仕事が終わった後の片付けは自ら率先して行うのです。そうした節子さんの心遣いが、また一層スタッフとの信頼を強めていきました。

◉底知れぬ女性たちのパワー

本当に女性たちのパワーには圧倒されてしまいます。とくに節子さんの豊富なアイディア力は素晴らしいのです。これまでは八葉水産の経営について清水社長といろいろ話すことはあっても、節子さん自身が実際に製造や経営に関わることはありませんでした。しかし、今は自分のアイディアを形にすることができるのです。これまでため込んでいたものを一気に吐き出すかのように、節子さんは次々と新商品を開発していきます。

製品を企画するとき大切にしていることは、「暮らしの中で役立つもの」、「安らぎを感じるもの」、「おばあちゃん、お母さん、子どもの三世代で持てるもの」という三点。さらに、大学生の息子さんの意見を取り入れ、iPhoneカバーなどを作ったり、時代の流れにも柔軟に対応しています。

また、ギャラリーを訪問するお客さんの声も商品づくりに活かしています。自社で制作するので、一個から作れるところがGANBAAREの強み。お客さんからの要望を受けて半分オーダーメイドのように作ったものが、意外に売れ筋商品になることもあります。

現在は大量生産・大量消費の時代ですが、GANBAAREを見ていると、「ものを作って売る」とい

作業中の清水節子さん

GANBAARE の作業場

うことがどういったことか、改めて考えさせられます。お客さんに提案したり要望を聞き入れたりしながら、一つの商品を作り上げていく、その過程はものづくりの原点です。

◉ギャラリー「縁」でのご縁

ものを売る、ということ以上に、ものを通じたお客さんとのコミュニケーションを何より大切にしています。GANBAAREのギャラリー「縁」では、お客さんに無料でコーヒーとお菓子が出されるのですが、カウンターに座ってスタッフの人と話していると、まるで買い物に来たのか、お茶をしに来たのか分からなくなってしまうほど。でも確実に言えることは、こうしたコミュニケーションが、また買いに来たい、会いに来たいというリピーターを生み出すということです。

ギャラリー「縁」

さらに、こうしたお客さんの姿を見ることで、スタッフも自分たちの仕事の価値を実感でき、さらなるモチベーションアップにつながります。GANBAAREはまさに「売り手良し」「買い手良し」「世間良し」といった「三方良し」の商売を体現する会社と言っても過言ではありません。

◉復旧が進む八葉水産

一年での工場再開を目指し、八葉水産は復旧・復興に向けて進み出しました。いち早く生産ラインを確保したのは松崎工場です。主に充塡作業を行っていた松崎工場では、ガレキが工場内にささるようにして堆積し、ほぼ屋根と骨組みだけになってしまいましたが、いち早く「しめさば」のラインを確保し、二〇一一年九月には生産を開始するに至りました。

また、主に原料の保管および一時加工として稼働していた冷蔵工場は、一階がすべて水に浸かり多大な被害を受けましたが、二〇一一年末には塩辛を製造することが可能になりました。二〇一二年三月からは元の冷蔵工場として稼働しています。

大川沿いに建っていた旧第二工場は津波によって一階すべてが浸水し、すべての生産設備が破壊され、商品が流されてしまいましたが、新しく本社・赤岩工場として復旧し、二〇一二年三月一二日から始動することができました。

旧第三工場は海に一番近いこともあり、二階まで濁流が押し寄せ、ほぼ骨組みだけ残った状態でしたが、あれから四六〇日余、赤岩第二工場として生まれ変わり、二〇一二年七月二五日に稼働開始となりました。また旧本社の横の脇で辛うじて残った配送センターが、今後は二つの赤岩工場の冷蔵庫として稼働予定です。

今では八葉水産の看板商品であった、いかの塩辛やめかぶ、しめさばなども生産できるようになり、全国のお店に届けられています。清水社長はこの震災を経て、商品を作り、それをお客様に届けることの喜びを再確認しました。

◉気仙沼に貢献する会社とは

八葉水産は、気仙沼の海からもたらされる豊富な資源によって生かされている会社です。清水社長もそのことを日ごろから感謝し、少しでも地域に還元できるようにと震災前から努めていました。

清水社長にとっての地域貢献は、「雇用」と「納税」と「仕事づくり」です。仕事をつくることで雇用の場が生まれ、利益を出して納税をすることが、その地域で営む会社の、一番の地域貢献なのだと言います。

また、清水社長は気仙沼の水産業を「獲る側」「加工する側」「運ぶ側」に分けて考えており、そのなかで水産加工会社の意義は、「雇用」だけでなく「気仙沼の魚を加工し全国に届けられること」にあると考えています。商品にして気仙沼ブランドを全国に発信することは、鮮魚の流通よりも大きい効果がもたらされるのです。経営が順調な時であっても、「今わが社は何をしなければいけないのか？」「わが社の軸は何なのか？」「わが社の理念は何なのか？」と社員にも自分にも問い続けています。

◉地域にとって本当に必要なことは何か

清水社長は日々の業務も忙しいなか、気仙沼市震災復興市民会議や観光戦略会議のメンバーとして気仙沼のために活動しています。やはり地域の産業を担うリーダーとして、気仙沼の経済に精通している清水社長のような方がメンバーになっていると、気仙沼の人たちにとっても安心です。

しかし、復興会議に参加していると、人々の生活や、産業再生など何を優先させるかということが非常に難しいところ。もちろん同時に進めていくことが一番なのですが、こうした復興会議などに参加するようになって、より気仙沼のことを広い視点から考えるようになったと清水社長は話します。

とくに気仙沼は震災前から「少子・高齢化」が深刻になっていた地域でした。震災前の状態に戻すだけではいけないというのが正直なところです。この点について、清水社長は次のように話します。

「無理に若い人が戻ってくる必要はない。それよりお年寄りが元気に暮らせるまちであることが大切」。

これは一見お年寄りのためのまちづくり、すなわち社会福祉に重点を置いたまちづくりをする方がよいというように思えます。しかし、この言葉が意味するところはもっと深いところにあるのです。

◉大人がイキイキ過ごせるまちに

後継者問題などで頭を抱える地域の人は、多くの場合、「自分たちの地域は若い人が帰ってきたいと思えるほどの魅力がない」とあきらめてしまっている部分があります。自分たちも地域での生活に満足していないのだから、若い人が満足するはずがないと思い込んでしまっているのです。しかし、地域の大人たちが不満そうに生きている姿を見て、若い人が地域への誇りをもてるはずありません。こんな大人になりたくないと反発心ばかり大きくなってしまい、次第に地元に戻ることを拒否してしまうのです。

しかし、これが楽しそうに毎日を過ごす大人ばかりだったらどうでしょう。自分たちの地域にイキイキした大人がたくさんいれば、子どもたちもまた自分も将来地元に帰ってこんな風に楽しい生活を送りたい、と思うようになります。こういったことを若い人が感じることが、地域に若者が戻ってくるために一番大切ではないかと、清水社長は考えているのです。

そしてそのために清水社長は、八葉水産やGANBAAREを子どもたちが気仙沼を誇りに思うような会社にしていかなければならないと言います。すでにいろいろ面白い取組みをしていますが、清水社長にとって目指すところはもっと高いところにあるようです。常に高い志をもち、現状に満足しないで何事にも取り組む姿は、誰が見てもかっこいいもの。こういった姿を知る機会を、気仙沼の子どもたちにももっと与えていかなければなりません。

ちなみに、清水社長には息子さんがいらっしゃいますが、息子さんに会社を継いで欲しいか尋ねると、「息子も自分の人生を好きに生きたらいいんじゃない」という何ともあっけらかんとした答えが返ってきました。こうしたことが言えるのも、清水社長ご自身が今の人生を楽しんでいるからこそ。後継者に悩む全国の経営者さんもぜひ参考にしてもらいたいものです。

◉地域のリーダーとして

地域の産業を支える企業の経営者として、そして気仙沼市震災復興市民会議や観光戦略会議のメンバーとして、半民半官の立場で気仙沼を引っ張っている清水社長ですが、そんな清水社長が今気仙沼に対して想うことは、とにかく市民・行政・企業が一つになるべきだということです。街がなくては八葉水産も成立しないし、人がいなくては会社や地域も成立しません。そして、気仙沼の「海と生きる」という復興計画を市民と共有しなければ、復興への道は開かれないのです。今までの気仙沼の歴史を大切にし、そこにイノベーションをプラスにしていくことが真の復興につながるのです。

そのために、清水社長は起業家支援などを行っているNPOのメンターなども行っており、イノベーションの創出のためにご自身の経営者としての経験、そしてさまざまなノウハウを多くの起業家たちに提供しています。

学生がデザインしたトートバッグ

◉若者にチャンスを

また、学生などの若者に対し、多くのチャンスを与えることも忘れません。例えば、現在GANBAAREで売られている商品のなかに、非常にポップなイラストのものがあります。それらは美術系の大学に通う学生からの提案を取り入れたもの。清水社長にとっては相手が大手企業であろうと学生であろうと関係ありません。いいものであればどんどん取り込んでいきます。

また、自分たちの考えたデザインが実際に商品として販売されるとなれば、学生にとっても非常に喜ばしいことです。若い人たちに夢や希望をもってもらうことを切に願っている清水社長は、こうしたチャンスを若者にどんどん与えていっています。さらに、ポップなデザインは若い女性などからも支持され、GANBAARE のなかでも人気商品となっており、清水社長の粋な計らいは結果的に自社の売上アップにもなりました。

◉「水産業×観光業」の可能性

震災から四年目に入り、「かわいそうな人を見に行く」という被災地観光のフェーズは変わりつつありました。やはり他の観光地と同じように、旅行として楽しめるかどうかということも必要になってきたそうです。

東日本大震災を受け、気仙沼市は「観光産業」を新たな市の基幹産業として位置づけ、産業の再生を目指しています。二〇一三年六月には地域の代表的な経営者たちが中心となり、市全体の観光戦略を推進していく「リアス観光創造プラットフォーム」という団体を設立しました。目的は、行政の外側に観光戦略を推進していく機関を設けることで、民間の力を生かした観光振興を図り、また、観光事業者だけでなく気仙沼で暮らす市民の発意を促しながら、柔軟に観光振興が行えるようにするためです。清水社長はこの団体の副理事長を務めています。

今は、市内外の人脈や知的資源、ノウハウと、地域で観光事業に取り組む人たちをつなぐ「ハブ」的な存在として、漁師カレンダーやじゃらん、旅づくり塾、モニターツアーといった事業を展開しています。また、震災前までは気仙沼は水産業が基幹産業だったこともあり、観光業との連携はあまり図られていませんでした。しかし現在では観光産業の需要の高まりから、気仙沼市魚市場に見学コースや海の見えるクッキングスタジオを設ける計画をつくり、水産業と観光業の融合を進めています。このような状況は震災前では考えられないものでしたが、他地域との差別化を図るためにも業種の垣根を越えて気仙沼の未来を考えることが求められているのです。

海が楽しめておいしい海産物が食べられるところは、日本のいたるところにあるため、国内の狭い市場だけを見ているのではなく、今後は世界にも目を向けていかなければなりません。いかに世界の人から注目される地域になれるか、それがこれからの気仙沼に求められている道なのです。

◉企業の価値は人にあり

気仙沼では現在求人にあふれているという話を耳にします。震災後、失業保険などを得て働かなくても生きていけることに味を占めた人が多くなってしまったことや、緊急雇用で草ぬきなどの仕事が時給一〇〇〇円であったために、時給七〇〇円程度の事務仕事などに戻れなくなってしまったことなどが原因だそうです。

こうした状況に対し、清水社長は人がいることこそが企業力になっていると言います。すなわち、人さえいれば企業は何とかなる、ということです。機械でいくら商品を作ったって、人が思いをこめた商品には敵うはずがありません。地域として人手不足になってしまった今、人がいなければ企業は回らないことを、清水社長はまさに実感しているのです。人件費は固定費ではなく未来への投資であるという意識をもつことが、経営者には求められています。

気仙沼での人手を確保することが難しい一方、八葉水産には全国から入社を希望するエントリーがあります。それも意識が高い人が多いのです。そのことについて、清水社長は自らfacebookやツイッターで会社のさまざまな情報を発信しているからではないかと言います。人は情報を得ることで安心感を得る生き物です。みんなネットでどんな会社か、どんな経営者かを知り、そこに共感して応募してくれているのでしょう。若い人にとっても、会社だけでなく地域のことを考える経営者は眩しいもの。清水社長のもとで働きたいと全国から応募が来るのも納得です。

◉悲願の海の市オープン

東日本大震災で被災した宮城県気仙沼市魚市場前の海鮮市場「海の市」が、二〇一四年七月一九日、三年四か月ぶりに全面再開しました。海の市は震災前も気仙沼市の人気観光スポットで、年間一〇〇万人くらいが来場していましたが、港のすぐそばにあったため津波の被害にあってしまいました。海の市の代表を務める清水社長も、今回のオープンを心待ちにしていた一人です。

今回オープンした海の市は、一階に気仙沼の物産や飲食店が並んでおり、二階は観光コンベンションセンター、シャークミュージアム、震災メモリアルホールとして、さまざまな情報発信がなされています。グルメやショッピングだけでなく、気仙沼の海と人の絆を体感する学びのスポットとしても注目の施設です。

以前は氷のミュージアムなど子ども向けのコンテンツが多かったのですが、今回は震災関連のコンテンツも多く、大人がターゲットとなっています。震災メモリアルは二〇一四年四月にオープンしたのですが、九月までの五か月間でなんと二万人が来場したというのも驚きです。

清水社長は、地元の人が何度も来て、震災当時のことを思い出して泣いたり、あのころの気持ちを忘れないように通う人も多いのだと言います。気仙沼を訪れた人だけでなく、気仙沼にいる人にとっても心のよりどころとなる場所になることは願ってもないこと。今後も震災の教訓を忘れないように、そして未来に向けて歩き出すためにも、この海の市での情報発信を進めていかなければなりません。

◉気仙沼の未来のために

震災から三年が経過したところで、気仙沼は新たな局面を迎えました。津波によって陸に打ち上げられた漁船が解体されたことで、観光客はずいぶん減ってしまいました。また、ボランティアや支援で来ていた人も少しずつ気仙沼から離れていっていました。

気仙沼は震災前から人口・産業ともに衰退傾向にありました。そのため、震災前の状態に戻すだけでは根本的な問題は解決されません。

とくに、産業については、単に起業する人が増えればいいというものではなく、人を雇用して働く場を作ろうと考えている人がどれほどいるかが、気仙沼の未来を左右するといっても過言ではありません。そうした人が出てきたら、清水社長は最大限の支援をしていきたいと思っています。

「震災で生き残ったからには何らかの使命があるんです。生き残ったからこそ、さまざまな行動を起こせるのだから、チャンスが目の前にあるなら臆してはいけないし、自分が力になれることがあるなら、何でも取り組まないといけないと思っています。そして重要なのは、自分のアイディアで、周りもよくしようという意識を常にもっておくことです。その意識をもって会社や地域のためにこれからも取り組んでいきたいですね」。

震災後、みんなが未来に希望を見出しにくくなっていた時期、GANBAAREを立ち上げ、八葉水産も再建へと踏み切った清水社長。さらに、自分の会社だけでなく気仙沼のためにも動き続けていたのには、こうした想いがあったからなのです。

〈参考資料〉
・岡田知弘『震災からの地域再生　人間の復興か惨事便乗型「構造改革」か』新日本出版社、二〇一二年
・関満博「東北を代表する水産都市の震災からの産業復興――地震、津波、火災、地盤沈下の中の気仙沼」 https://www.chukiken.or.jp/about/img/2011_01.pdf
・「水産加工遅れる再開　気仙沼の雇用停滞続く」『河北新報』二〇一一年一二月二〇日
・「ビジネスで勝つ復興とは　被災企業×大手企業」ワールドビジネスサテライト、二〇一三年二月一九日放送、テレビ東京
・八葉水産ホームページ　http://www.hachiyousuisan.jp/
・GANBAARE ホームページ　http://www.ganbaare.jp/

・気仙沼市役所ホームページ　http://www.city.kesennuma.lg.jp/
・気仙沼市漁業協同組合　http://www.kesennuma-gyokyou.or.jp/
・宮城県中小企業家同友会ホームページ　http://miyagi.doyu.jp/

2 商店街で生きる自分たちにできること
――復興に立ち向かう南町商店街

◉気仙沼復興商店街「南町紫市場」

宮城県気仙沼市の南町に、紫市場という復興商店街（応急仮設商店街）があります。仮設店舗の商店街としては最大規模で、二五〇〇平方メートルの敷地内には二階建てのプレハブの建物が七棟も立ち並び、五四店舗が営業しています。飲食店や薬局、日用雑貨屋、印刷屋、ピアノ教室、学習塾と店舗の種類もさまざま。週末になれば各地から観光客が訪れ、商店街で食事や買い物を楽しみます。大型バスで遠方から訪れる観光客も珍しくはありません。

紫市場は内湾のすぐそばにあり、震災時は津波により甚大な被害を受けました。今でも紫市場の周りには当時の爪痕が残っています。津波被害にあった建物などは撤去こそされましたが、かさ上げなどの関係で建物は建てられず更地のままの状態です。そんな一角で賑やかな南町を取り戻すべく奮闘する紫市場の店主たち。その姿は訪れた多くの人たちの心を打ち、リピーターとなって何度も遠方から通う人もいます。

ただ、これまでの道は決して平坦なものではありませんでした。多くの困難を乗り越えたからこそ、今の紫市場があるのです。

◉水産業で成り立つ気仙沼

宮城県の北東端に位置する気仙沼市は、前述したように三陸沿岸最大の漁港として水揚げされる豊富な水産資源と、リアス式海岸の美しい自然環境に恵まれた地域です。気仙沼には古くから遠洋・沖合漁業の基地として全国の漁船がやって来ました。

なかでも南町は気仙沼漁港発祥の地であり、一九六〇年代には水産の好景気を目当てにあらゆる商業が集まっていました。夜には、長い漁の疲れを癒しに繰り出す漁船の乗組員の人で賑わう歓楽街。南町はお店と人で溢れかえる大変賑やかな地域だったのです。

◉衰退しつつあった南町の商店街

しかし、一九七〇年代に各国が排他的経済水域を主張し始め、日本漁船の活動エリアが狭まったのをきっかけに、気仙沼は漁業基地としての存在感が薄れていくようになりました。

また、バブル崩壊とデフレ不況を経て、気仙沼の中小企業の廃業が相次ぐようになり、商店街もまた同様に厳しい状況に追い込まれました。二〇〇店舗ほど存在してはいましたが、それも歯抜け状態。

住民の多くを占める高齢のお客さんにとっても非常に買い物しにくい商店街になってしまったため、余計に客足は遠のいていきました。

そうした衰退しつつある商店街は、地域の若者にとっても魅力的に映るはずがありません。まちを離れる若者が増え、商店街も後継者不足の問題を抱えるようになっていったのです。

◉壊滅状態になった南町

そんなとき、二〇一一年三月一一日、東日本大震災が起こりました。気仙沼湾沿岸から最大二キロの範囲が津波被害にあい、気仙沼湾のすぐ近くに位置する南町は壊滅状態となってしまったのです。

南町の商店街の人たちと住民の多くは、津波があったときみんなですぐ裏の高台にある紫神社に避難しました。二〇一一年三月二二日の段階で、商店街の商店主とその家族一三〇人が身を寄せ合い、避難者の中には南町一区、二区、三区の会長の姿も。ライフラインがない中、自力で避難生活を送っていましたが、三つの地区の自治会長が揃っていたことや、さまざまな商店主が集まっていたこともあって、避難所での人々の団結力は相当なものでした。

◉青年会を中心とした若者たちの存在

南町には震災前から青年会が存在していましたが、避難所ではその青年会の若者たちがかなり活躍しました。彼らが中心となってさまざまなルールを取り決めたおかげで、避難所での共同生活は驚くほどスムーズに進んでいきました。また、彼らは高齢者の薬を病院からもらって来るなど、率先して周りの人々のために行動しました。

「親世代が築いた商店街をこのままなくしてしまうわけにはいかない」。

そう立ち上がったのも青年会を中心とした若者たちです。震災をきっかけに、これから南町を守り、そして支えてく決意と覚悟が、彼らのなかで芽生えていったのでした。

◉自分たちで物資の調達をはじめた商店街店主たち

食料や生活用品が安定して届くようになったのは、震災から半月ほど経過した頃でした。しかし、紫神社は避難所としての規模が小さかったため、ガソリンや水の配給はわずかなもの。不足分は避難者同士で負担し合ってまかなっていましたが、自治会の運転資金が少なく、このままでは経済的に厳しい状況が続きかねないので、青年会の会長は露店を出して資金を調達し、その費用を避難所の資金に回すのはどうかと提案しました。自分の親戚が東京で洋服の卸業を営んでいるため、まずはそこから被災地の必需品である下着や衣類を送ってもらい販売するのはどうかと持ち掛けたのです。また、食材を調達してコロッケの販売も開始しました。これがちょうど震災から一か月経った頃です。二店がお店をオープンしました。これらの商品はボランティアだけでなく住民にも好評で、売れ行きは好調。資金不足もなんとか凌ぐことができるようになったのです。

こうした取組みがスムーズに行われたのも、避難所に商店街店主らが集まっていたからです。自分だけの利益に固執するのではなく、商店街全体として利益を考える姿勢が備わっていたからこそ、こうした動きが生じたと言っても過言ではありません。

◉青空市場の誕生

「震災直後で地域の人たちが物を欲しがっている今だからこそ、商売がしたい」。

こうした思いは次々と商店主らに広がっていき、紫神社の広場を利用して「青空市場」という屋台村もできていきました。店舗はシートや簡易テントを使用した簡素なものでしたが、四月中旬には一一店舗にも広がり、靴や野菜など仕入れができるものから順に商売が始まっていきました。

青空市場を営むうちに、店主らは商売をすることの喜びを改めて実感したと言います。お客さんに商品を提供することが当たり前ではなくなってしまった現状の中、商品を仕入れ、それを販売することが、店主らの明日へと生きる力となりました。そして、商品を買ってくれたお客さんの笑顔が、未来への希望につながっていきました。商売とは何か、何のためにお店を営むのか、そういった商人としての最も根本的な部分を実感する日々が続く中で、再び商店街を復活させたいという思いが高まっていったのです。

◉南町に商店街を復興させることへの苦悩と決意

店主らのなかで商店街を復興させる思いは高まっていきましたが、再び南町に商店街をつくるのか、ということに対しては、やはり躊躇するところがありました。震災後も余震が続いていたため、また津波が起こるかもしれない恐怖に加え、南町は海からすぐ近くにあり、地盤沈下も深刻な状態だったのです。大潮の時になると道路が冠水してしまい車が通れないといったことも日常茶飯事でした。

こうした状況に対し、商店のなかには南町から被害の少なかった街中に店舗を移動するところもありました。また、南町に住んでいた住民の多くも仮設住宅に入るため遠くに移っていきました。周りに住んでいる人が少ないなかで商店街を復活させても意味があるのだろうか、危険区域といわれるところに人は来るのだろうか、といった不安から、南町に商店街をつくるのはやめた方がいいのではないかと話し合ったことも少なくありません。

しかし、人がいないなら人が集まる商店街をつくればいいじゃないかと、南町の商店主らは考えを転換することにしたのです。確かに人が来ないかもしれない状況で商売を始めることに不安はありますが、南町がみんなの記憶からなくなってしまう方が店主らにとってはずっと悲しいことでした。

「南町からやむを得ず離れなければならなくなった人たちのために、将来またみんなが戻って来られる場所を自分たちがつくろう。南町が忘れられないように、自分たちが頑張っていこう」。

店主らはそうした決意を胸に、再び南町に商店街をつくるため動き出したのです。

◉仮設店舗での復興

転機は五月に訪れました。中小企業基盤整備機構（以下、中小機構と略）という国の機関の実施する仮設店舗建設の事業があるという情報を、仲間の一人が仕入れてきたのです。こうして、南町の店主らは仮設店舗での商店街復興に動き出しました。

もっとも、この仮設商店街は建物だけを無償で提供してくれるものであり、土地は市が用意しなければなりません。気仙沼は津波の被害にあった土地が多く、条件の良い土地はすべて仮設住宅がつくられていました。仮設商店街をつくるだけの土地はほとんどないような状況だったのです。

南町の方々はどうにか土地を用意できないかと、自分たちで地権者を探して交渉する日々が始まりました。ようやく見つかった場所は南町の一角で、海からもある程度離れた一二〇〇平方メートルほどの場所。ここだと冠水の心配もなく、すぐ後ろには高台があったので安全も確保されていました。平屋建てを四棟建設し、店の並びや一軒の大きさをどうするかといったことなどが具体的に決まり、八月のオープンに向けて着々と準備は進められていきました。

◉絶望的になった八月のオープン

そんななか、六月に重大な事実が発覚しました。国が定める建ぺい率が五〇％であるため、プレハブ四棟の予定が二棟になってしまうというのです。しかし、店舗数を少なくするわけにはいきません。そこで、土地をもう少し大きくできないかと南町の方々は考えました。

近くの信用金庫の土地を借りることが決まり、再び準備が進められていきましたが、ここでまた問題が。なんと、銀行法上この土地は銀行業務以外に使用できないというのです。「貸す」「貸せない」

で話は二転三転を繰り返しました。こういった状況で法律がどうこういう場合じゃないとみんな憤りを感じましたが、仕方ありません。最終的に、「固定の建物をつくらなければ貸す」ということになったので、再び計画を練り直し、一軒の店の大きさを半分にして対処することにしました。この時点で、当初予定していた八月のオープンは絶望的になってしまったのです。

◉次々と立ちはだかる困難

建てる土地が決まってても、まだまだ乗り越えなければならない問題は山積みです。

七月に中小機構による現地調査が行われた際、砂利敷きの土地でなければならないことを告げられたため、土地に残っていたコンクリートをすべて撤去しなければなりません。撤去にかかった費用は一五〇万円。すべて店主らの自己負担です。当時、店主らは貯金を切り崩しながら生活していました。もちろん今後の再建費用も準備していかなければなりません。できれば金銭的な負担は極限まで抑えたいところでしたが、震災から四か月経過し、国の申請を早く通過することが求められていたため、費用のことは問題にしていられませんでした。七月半ばにしてようやく国への申請が通り、九月着工を目標にようやく設計段階に移行することができました。

しかし、この設計の際にも多くの問題が生じたのです。設計には構造計算が必要で、その際にどんなお店が入るか、そのお店にどんな機材が入るかといったことなどもすべて計算しなければなりません。冷蔵庫や棚などすべてです。これにはかなりの時間を費やしました。

また、土地が整地されてからは中小機構と直接やり取りが始まりましたが、このやり取りはすべてメールで行わなければならなかったのです。メールができる機材がなかった南町の人々はＮＴＴに頼んで避難所に機材を入れてもらうことにしました。

さらに、問題が生じた際、中小機構側に直接気仙沼に来て欲しいと頼むと、「気仙沼市内の他の仮設建設が三日遅れることになるけどそれでもいいのか」と言われてしまったことがあったそうです。

◉我慢の連続だった完成までの日々

一〇月から予定より四か月遅れで建設工事が始まりましたが、ここでも次々と問題が発生しました。たとえば、建設中に床が固定されようとしていたことです。床までは中小機構が工事するけれど、水道などの配管は支援の対象にならないため店主らが自己負担しなければならなかったのですが、床を固定されてしまうと、後で床を外す工事をしなければなりません。時間と費用がかさんでしまうため、店主らにとってもこれはどうにか避けたい事態でした。

中小機構から委託を受けていた建設業者は、どんな場合であっても床と天井は仕上げた状態で店舗を引き渡すように中小機構から言われていたそうです。国の制度によると、建物を引き渡す相手はあくまでも市町村であって店主ではないため、店主は工事に於いて交渉できる立場にないとまで言われてしまいました。しかし、工事を長引かせるわけにはいかないので、粘り強く交渉し、結果的に例外として床板は固定せずに配管工事がスムーズに行われる状態で留められることになりました。

一二月に入って急ピッチで準備が進められましたが、飲食店の場合、仮設店舗であっても本復興と同様に保健所の検査に合格しなければなりませんでした。必ず水道は一つ用意しなければならない、といった本設同様の設備要求に応じるため、さらなる時間と費用がかかってしまいました。

オープン当日＝クリスマス・イブ

◉二〇一一年一二月二四日　念願の南町紫市場オープン

さまざまな困難を乗り越え、二〇一一年一二月二四日、待ちに待ったオープンの日を迎えることができました。当初の予定から四か月も延びてしまいましたが、オープンできたことにただただ感謝だと商店街の方々は言います。約二〇〇〇人のお客さんがお祝いに駆けつけ、気仙沼の伝統芸能である八幡太鼓も鳴り響きました。

「また商売ができる」。

震災から九か月、一時はどうなることかと思われた仮設商店街もようやく完成しましたが、これはゴールではありません。ようやくスタートラインに立ったところなのです。ここからが本当の力が試されるとき。本設の商店街の復興に向けて、この日から新たな挑戦の日々が始まりました。

◉オープン延期によってもたらされた副産物「cadocco」

仮設商店街のオープンとともに、紫市場の一角には「cadocco」というフリースペースもつくられました。「集まる、つくる、楽しむ」というコンセプトの下、子どもたちのためにつくられた施設です。

これがつくられた背景には、仮設住宅への移転で友達が散り散りになったことや、これまでの遊び場が避難場所になってしまったこと、空き地が干潟になって遊べなくなってしまったことなど、被災地特有の問題がありました。こうした問題は震災直後では気づかれにくいのですが、震災から少し経って人々の生活が落ち着き始めた頃に深刻な問題として認識されるようになりました。

みんなが集まる場所「cadocco」

南町においても、大雨が降れば冠水してしまう道路や、基礎が残ったままの土地、大型トラックが行き来する道路など、外で子どもが遊べるような場所はありませんでした。そこで、紫市場の目の前に位置する建物の一階を子どもの遊び場にすることにしたのです。

「商店街の着工が遅くなったからこそcadoccoができたといっても過言ではありませんね。商店街がもっと早くできていたら、商売に専念して子どもたちの状況に気づく余裕もなかったと思いますし。商店街完成までいろいろ問題続きでしたが、それにも意味があったのかな」。

そう話す紫市場の事務局長。昼はもちろん、夜になっても明かりが絶えず、子どもたちがダンスの練習に利用したりしていました。

◉これまでの営業スタイルから抜けられない店主たち

仮設商店街が完成し、商店主のみなさんも再び商売の日々が始まりました。完成当初から南町商店街はメディアにもとり上げられ、各地からお客さんがやってくる日々。多くのお客さんが訪れてくれることは大変ありがたいものでしたが、これまでそうした大勢のお客さんに対応したことがなかった商店主のみなさんに戸惑いがあったことも否めません。

震災前、南町は飲み屋街としては繁盛していましたが、お世辞にも商店街の活気があったとは言えない状況でした。地元のお客さんは大型スーパーなどに流れ、古い町並みが残る南町周辺は、まるでそこだけ時代が止まっているようでもありました。土日はほとんどお客さんが来ないため、営業しても仕方ないとお店を閉めているところがほとんど。お客さんにしてみれば、開いている店がないから土日は行かない、というようになり、南町の商店街はどんどん悪循環に陥ってしまっていたのでした。

お客さんが来ないことに慣れてしまっていた商店街の店主の方々は、仮設商店街が完成し、多くのお客さんが来ても、なかなか前の営業スタイルを変えられないままでいました。そのため、土日は最もお客さんが来るにもかかわらず従来通り休んでしまい、せっかく来たのにどこも開いていなかったとがっかりして帰るお客さんもたくさんいたのです。

◉店主たちの意識改革

こうした状況に対し、商店街のリーダーを務める青年会の会長は店主会を開き、今の営業姿勢を見直すよう説得しました。できるだけ一階のお店は開けるようにし、定休日もお店同士で調整するよう促したのです。「おもてなしの心」を持ってお客さんに接しなければ、せっかく仮設商店街ができてもまた以前のように寂しい商店街になってしまいます。そうなれば、これから南町に人やお店が戻ってこないかもしれません。その危機感を店主の方々に持ってもらうため、何のために商店街を復興させたのか、その意味をもう一度考えてもらいました。

それからというもの、店主らの姿勢はガラッと変わりました。関東や関西から来る大勢のお客さんに対しても、積極的に接客できるようになりました。週末に行われるイベントのために大勢のお客さんが来ても、不安なく対応できるようにもなりました。そして商売に対する貪欲さが芽生え、もっとお客さんを喜ばせるためには何ができるだろうと考えるようになったのです。

◉より多くのお店が再建するために

紫市場がオープンして五〇近くの店舗が商売を始められましたが、これは南町の被災商店の中でも四分の一に過ぎず、七〇もの店がいまだ商売を断念しています。今のままの規模では街としても賑わいが足りず、もっとお店が増えるように南町の地域的な魅力を高め、新規のお店の参入を進めていくことが南町紫市場のこれからの課題です。

仮設店舗のあさひ鮨

また、仮設店舗は長くても四、五年しかいることができないため、今後の本復興のための資金準備が必要となります。しかし、南町商店街全体でも三分の二は自主再建が厳しいのが現状。自立可能な商店を増やすのはもちろんのこと、商店街全体で補助金を獲得するなどの工夫も求められています。

そんななかでも常に希望を持って歩き続けているのが、紫市場の理事を務める村上力男《りきお》さんです。村上さんも自ら紫市場でお店を営みながら、南町の復活を強く願う一人です。

◉紫市場で営む「あさひ鮨」

紫市場の一角に佇む「あさひ鮨」。全国からお客が訪れているほか、地元での評判も上々で、平日でも約五〇人の来客があります。紫市場の中の人気店の一つです。店主である村上力男さんは、この紫市場の理事長でもあります。被災時は、宮城県中小企業家同友会気仙沼支部の顧問でした。

あさひ鮨は気仙沼の本店に加え、一関や古川、仙台市内と仙台駅三階に支店を構えていますが、村上さんは震災後もこの気仙沼を離れることはありませんでした。

「もう一度以前の南町を取り戻したい」。

誰よりも強く思っていたのが、この村上さんだったのです。

◉津波で大きな被害を受けた本店

気仙沼湾のすぐ近くにあったあさひ鮨本店も、他のお店と同様、津波で甚大な被害を受けました。鉄骨構造の丈夫な建築だったので、大きな津波の威力でもかろうじて躯体は残っていましたが、海水が二階の一・五メートルまで上がってきたので、調理場と二階座敷は激しく損壊してしまいました。鉄骨部分も塩水に浸かってしまったので、被災した店舗は完全に撤去することにしました。

一九六七（昭和四二）年に創業して以来、四五年以上も経営してきた老舗のお店です。気仙沼が繁栄していた時期、衰退してきた時期、そのすべてを経験してきました。内湾と漁港の近くにあることで、新鮮な魚介類を仕入れることができるといった多くの恩恵をこれまで受けてきましたが、今回の震災では海に近かったために大きな被害を受けてしまいました。

◉気仙沼にこだわる理念

先に触れましたが、あさひ鮨は気仙沼にある本店の他に、一関や、古川、仙台市内と仙台駅にも支店を構えています。本店以外は津波の被害はありませんでしたが、地震による被害があったため、営業再開まで二か月間の休業を余儀なくされました。

おそらく普通の会社なら、まち自体が壊滅状態となっている本店のことは諦め、残りの支店の経営に力を注ぐ道を選ぶことでしょう。しかし、村上さんは違いました。徹底して気仙沼に、そして南町にこだわるという道を選んだのです。震災前から商店街に対する想いが強かった村上さんは、いくつものお店を経営する傍ら、自ら商店街新聞を作り、その中で商店街の魅力をアピールするといった活動も行っていました。そして震災後は今まで以上に商店街に全力を注ぐ覚悟を決めたのです。

「気仙沼にこだわるという理念がぶれたら、あさひ鮨があさひ鮨でなくなる」。

それが村上さんの根底にあるもの。

中小機構から仮設店舗の説明があった時にも、村上さんは、自分の店よりも南町の方々のために仮設店舗を造ることが第一だと考え、その働きかけに一所懸命に尽力していました。そして、周りの状況が落ち着いて余裕ができたら、「あさひ鮨」の寿司を食べに来てほしいと思っていたのでした。

◉震災をきっかけに変わった商店街との関係

今回の震災で南町は大きな被害を受けましたが、村上さんはこの震災を悲観的には思っていません。むしろ、感謝するところもあると言います。それは、今回の震災を通して、南町という地域が一つになれたからです。

気仙沼以外にも支店を構えるあさひ鮨は、やはり商店街の人からすると遠い存在でありました。どこか周りのお店と壁があり、自分でもとっつきにくい印象を与えていたのではないかと、村上さん自身思っていたそうです。

しかし、震災によって、あさひ鮨はほかのお店と同様大きな被害を受けました。今回のような震災では小さなお店も大きなお店も関係なく、みんなが手を取り合って進んでいかなければなりません。村上さんが気仙沼を離れることなく、もう一度南町を蘇らせるために立ち上がった姿は、結果として南町に住む人たちの多くの信頼を得ることにもつながりました。

「震災で失ったものも多かったかもしれないが、その分得たものもたくさんある。失ったものを悔やんでも前には進めないから、得たものを大切にし、それを強みに変えていくだけなんです」。

こう話す村上さん。震災後多くの困難を共に乗り越えてきた紫市場の人たちとも、固い絆で結ばれています。これほどまでにまとまった商店街は全国どこを探してもないのではないかと思えることが、今の村上さんにとっては何よりの誇りなのです。

◉全国にいるファンのために

村上さんが気仙沼にこだわったのは、あさひ鮨を愛し、応援し続けてくれるファンが全国にいるからでもあります。気仙沼が好況だった頃、あさひ鮨は本店だけでも年間で二億三〇〇〇万円近くの売上げがあり、そのころのファンが今でも全国にたくさんいるのです。

「その人たちのためにも、本店を失うわけにはいかない。一日も早く再建しなくてはならない」。

そう村上さんは話します。

現に仮設店舗としてお店を開くようになってから、毎日のように当時のお客様が全国から来店してくれているそうです。そのため村上さんも支店には出向かず、ほぼ毎日本店にいてお客様を迎えています。

「お店をまた開けて良かったね」「心配していたけど無事で何よりです」「がんばってね。ずっと応援していますから」。そうしたファンの人たちの声を聞くたび、小さくてもいいから気仙沼の南町でもう一度お店を再開したいという思いが強くなっていきます。お客様を何よりも大切に考える村上さん。そんな村上さんの優しく誠実な人柄に、ますますファンは増えています。

◉仮設店舗でも本物を提供する

村上さんが仮設店舗で再建する際に考えたのは、お客様が喜んでくれるような店をつくれるか、ということでした。仮設店舗なので外観はもちろん、内装を施すのにも限界があります。しかし、これまであさひ鮨まで足を運んでくれた人をがっかりさせてしまうような店舗にはしたくない、寿司屋らしい店構えで、「あさひ鮨」の味をお客様に楽しんで欲しい、というのが村上さんの本音でした。

そこで、仮設店舗の内装を以前の本店を建築した信頼ある工務店に依頼することにしました。そのおかげで、仮設店舗であっても震災前に近いお店の雰囲気になっています。

また、二階上層部から上の部分で、水に浸からず無事な建材を持ち帰り、この店舗に活用しています。カウンターの上の装飾に使っている欄間も、本店の二階にあったもの。まるで仮設店舗とは思えないほどの本格的なつくりになっているため、お店に一歩入って驚くお客さんも多いそうです。

食材についても、どうにか納得のいく品質のものを揃えることができ、オープン当初から以前と変わらぬ味を提供しています。仮設店舗になってから来店してくださったお客様に、「シャリの味が変わっていない」という感想をいただいた時は、本当にうれしかったそう。大幅に縮小しての営業ではあるけれど、震災前にいらしたお客様にも、「おいしかった」と喜ばれるのが何よりの励みになっていると村上さんは話します。

◉仮設店舗でも売上げを伸ばす

震災前、気仙沼の本店は二階建てで、一階は主に一般のお客様、二階は宴会などで利用されていました。しかし仮設店舗では一階しかなく、客席は二〇席程度しかありません。にもかかわらず、仮設店舗になってからの売り上げは他の支店に引けをとらないほどなのだとか。

その理由の一つは、小さい店舗になったからこそお客様の回転が増し、結果として効率良く経営ができるようになったことにあります。また二つめは、仮設店舗になったことでお店の敷居が低くなり、それまで訪れることのなかった地元の方々も来訪するようになったことです。さらに寿司の出前も好調で、何十人前もの注文が入ることも珍しくはありません。

地域とともに復興していく覚悟を決め、気仙沼のためにと全力で取り組む村上さんのあさひ鮨は、今や地元住民にとっても誇るべき気仙沼の寿司屋となっています。気仙沼を全国に発信するために、あさひ鮨は地域にとっても貴重な存在です。仮設店舗でありながらも売上げを伸ばしているのは、そうした地元の人たちの後押しも大きな要因となっているのです。

◉「東北の冠たる寿司屋」を目指して

もともと両親が気仙沼で魚屋を営んでいた村上さん。高校卒業後は調理学校に進み、その後東京にある「あさひ鮨」で修行をしました。気仙沼にお店を構えてからは、サンフランシスコに出店したり、一関や仙台に出店したりと、支店も増えていきました。

そのなかで村上さんが目標に掲げていたことは、あさひ鮨を「東北の冠たる寿司屋」にすることです。あさひ鮨の寿司を通じて、南三陸の海の幸の素晴らしさを一人でも多くの人に伝えたい、ただそれだけでした。このような、地域の魅力を発信したいという村上さんの思いが評価され、仙台駅の中に寿司通りができる際には、ぜひ出店してくれないかという声もかかり、見事駅構内で立地が一番良い場所を提供するとの好条件付きで出店することができたのです。

◉気仙沼とフカヒレ寿司

「フカヒレ寿司」はあさひ鮨の看板商品です。今やフカヒレは気仙沼を代表する食材となっていますが、もともとはマグロ漁の副産物でした。

マグロ延縄船の多くは気仙沼船籍ですが、その漁獲の中には鮫も多く含まれています。その鮫の加工、製造を行う業者が気仙沼には集積していました。フカヒレの加工には高度な技術を要しますが、その技術力の高さも気仙沼は秀でていたのです。

気仙沼にお店を構えてから、村上さんはずっと何か地元の食材で鮨が作れないかと検討していました。そんなとき、フカヒレ鮨を作ることを思いついたのです。そして、二〇〇七年にはロンドンで開催された寿司コンテストに「金のふかひれ」という創作寿司を出展したところ、見事グランプリを受賞したのでした。

このとき、ＥＵではフカヒレが規制されていたこともあって、フカヒレの代替品として食感が良く似た海草を使用していました。本心としてはフカヒレそのものを味わってもらいたかったのですが、フカヒレという文化を伝えることはできると思い、コンテストに出展することを決めました。

村上さんにとっては苦渋の決断でしたが、こうした工夫も特別審査員らは高く評価し、グランプリに選ばれたのだといいます。コンテストではフカヒレを使用することはできませんでしたが、その後ヨーロッパではフカヒレブームも生じるほど人気に火がつきました。フカヒレが広まるということは同時に気仙沼を世界に発信することにもつながります。気仙沼を愛する村上さんにとっては、そのことはあさひ鮨が世に知れ渡る以上にうれしいものでした。

◉誠の商売を貫く

村上さんは「東北に冠たる寿司屋を持つ」という目標を掲げていましたが、これは単に売上が一番の寿司屋を目指すといったものではありません。味、接客、雰囲気、そのどれをとってもキラリと光る寿司屋を目指すことを決意したのです。

商人としてはもちろんのこと、人間としてどうあるべきか、ということを優先して考える経営。それはまさに、ごまかしのない誠の商売、誠実な商売そのものでした。もしかすると売上が厳しくなる時も訪れるかもしれないが、誠実な商売をしていたらどんな窮地に追い込まれた時であっても、きっと手を差し伸べてくれる人が現れるのだと信じることに決めたのです。

そしてさらに、どんな商売であっても私利私欲を優先させるようなものではダメだと村上さんは言います。地域のためになんとか貢献していきたい、地域を元気にするためにお店を経営していきたい、そういった利他の精神が大切なのです。経営者がこうした思いで経営していると、従業員も自分たちの仕事が地域の役に立っていることを実感でき、誇りを持って働くことができます。そして、そんな従業員で溢れると、次第に店内には活気のある雰囲気や、細やかな接客サービスが生まれていくのです。

このような考え方を持つようになったのは、一九九〇年代、社員の待遇改善のために拡大路線を急ぎすぎ、出店に失敗して多額の借金を背負うことになったことがきっかけでした。このとき、倫理法人会という社団法人に出会い、商売や人の本質を一から学んだことが今につながっている、と村上さんは話します。倫理法人会で主に学んだことは、人間の生き方についてなどすごく基本的なことでしたが、村上さんはここで、あらゆるものを受け入れ、天命に従って生きることを学びました。それは、今回の震災を前向きに乗り越えようとする現在の村上さんの姿にも現れています。

◉誠の商売を貫いた結果

震災前から誠の経営を続けてきた村上さんですが、今回の震災を通してそれが間違いではなかったということを確信したそうです。

南町のみんなが避難した紫神社の避難所には全国から多くの支援物資が届きました。その多くは宛名が「あさひ鮨　村上力男様」というようになっていました。全国にいる村上さんの仲間、そしてあさひ鮨のファンの方々が届けてくれたのです。震災当時は行政の機能もパンク状態だったので、義捐金や物資を行政に届けてもなかなか地域に配布されないという問題がありました。そのため、個人宛に送った方が確実に届けられる状況にあったのです。そして何より、村上さんに届ければ、きっと周りの地域の人にも配ってくれるはず、という信頼がありました。地域のリーダー的存在であり、なおかつ私欲に走ることのない村上さんだからこそ、みんな安心して物資を送ることができたのです。

◉いい人にはいい仲間がいる

また、炊き出しなどを行いに気仙沼に来てくれた仲間もたくさんいました。その中でも印象的だったのは、山口県にある下関唐戸市場の松村久社長からの支援です。松村社長は下関ならではの食材、「ふぐ」を使って一〇〇〇人分のふぐ鍋をふるまいました。この松村社長と知り合ったきっかけは、「志ネットワーク」で開かれた勉強会です。

「志ネットワーク」とは、「志高い生き方をしたいと願っている人」が会員資格というユニークな組織。そこで知り合った仲間というだけあって、炊き出しに来てくれた人たちの行動は素晴らしいものでした。ふぐ鍋がおいしくてみんなに喜ばれたというのはもちろんのことですが、炊き出しが終わった後、なんとその体育館に設置されていたたくさんの仮設トイレをすべて掃除して帰っていったのです。一二人ほどの人数で。トラックで下関から一二時間かけて気仙沼に来るだけでも大変なのに、掃除まで行うというその素晴らしさに村上さんは驚いてしまいました。

◉すべてがつながる

紫市場─南町商店街をNPO法人化させる時も、多くの方が協力してくれました。NPOの申請というのは、書類などの作成の点で複雑なことが多く、かなり大変な作業を要します。そんなとき、村上さんが倫理法人会で塾頭をやっていた時の塾生から連絡があり、昔村上さんには大変お世話になったので、どうか力にならせてはくれないか、と支援を申し出てくれたのです。この方のおかげで、面倒なNPOの申請も無事終えることができ、商店街の再スタートを切ることができました。その後も、この元塾生は毎週のように気仙沼に来ていろいろとお世話してくれているそうです。

今まで誠実な商売、人と人との誠のつながりを大切にしてきて本当に良かったと村上さんは言います。これまでの徳の積み重ねが、震災後の今になって返ってきているのです。

また、これまで「東北の冠たる寿司屋」を目指し、地域を代表する寿司屋になるためにがんばってきたあさひ鮨ですが、そのことが金融機関からの融資という形で実を結びました。なんと、政府系金融機関から一億円支援したいという声がかかったのです。これは、あさひ鮨が気仙沼を代表する寿司屋であり、気仙沼にとってかけがえのないお店であるため、地域のためにもなんとか残したい理由からでした。地域のためにこれまで経営してきたことが、まさかこういった形で返ってくると思ってもみなかったので、村上さんもこれには驚いてしまったそうです。正しいことをしていればきっと誰かが助けてくれるということをまさに証明した出来事でした。

◉商店街のなかでどう立ち振る舞うか

震災前から徐々に衰退し、人もバラバラになってしまっていた商店街ですが、震災で建物は失ったものの人のつながりを取り戻すことができました。これはどんなお金にも変えることのできないかけがえのないものです。一致団結した商店主らは、「まちづくりの推進、子供たちの健全育成、経済活動の活性化」を目的に、ＮＰＯ法人「気仙沼復興商店街」を立ち上げました。商店街復興に向け、力強い取組みがなされています。

そんななか、村上さんは理事として商店街の活動を見守っています。いま商店街で中心となっているのは若い世代の人たちです。しかし、若いだけに周りからの反発もあります。

そこで登場するのが村上さんです。若い人たちがせっかく良いことをしているのに、それがうまく作用しないのは非常にもったいないと思い、自ら商店街の調整役として立ち回っています。商店街の人同士の関係が良好になるよう、若い人を批判する人がいればうまくなだめ、自信をなくしている若者がいれば褒めて伸ばしてあげる村上さん。表立って目立つようなことはせず、縁の下の力持ちとして商店街のみんなを支えています。

◉「日経優秀製品・サービス賞」二〇一二審査員特別賞を受賞

「日経優秀製品・サービス賞」二〇一二審査員特別賞に、南町紫市場が選ばれました。二〇一二年で三一回目を迎える「日経優秀製品・サービス賞」とは、毎年一回とくに優れた新製品・サービスを表彰するというものですが、そのなかの「企画・催事でにぎわいづくり」部門で、岩手県大船渡市の「おおふなと夢商店街」や、福島県いわき市の「いわき市久之浜町・浜風商店街」とともに、気仙沼復興商店街―南町紫市場が審査員特別賞を受賞したのです。

二〇一一年一二月二四日にオープンしてから、商店街の人たちはみんな必死に頑張ってきました。震災前までは土日が休みのお店も少なくなかったのですが、全国からお客さんが来るようになってからは、どのお店も土日にきちんとお店をオープンさせるようになりました。初めは商店街のみんなの気持ちが一つにならずもめることもありましたが、お客さんのために何がしてあげられるか、それを一人一人が考えだすようになってきたのです。

しかし、まだまだ商店街の中できちんと理念を持ってやっている店は少ないのだと村上さんは言います。やはり、個人商店についてはなかなかここまで考えを持てないのが実情です。現在村上さんは紫市場の理事をやっていますが、経営の理念やお客さんを大事にした接客、信用を土台にした商売などを他の商店の方々にも伝えていくことが自分の役目だと考えています。あさひ鮨は毎日全国からお客さんが訪れていますが、それにも理由があるのです。その理由をみんなにも気づいて欲しい、そう村上さんは願っています。また、商店街の事務局のみんなも今は利他の精神でやっていますが、もしかするとその心を失いかけることがあるかもしれません。道を外しそうになった時には自分がブレーキ役として食い止めてあげたい。そう語る村上さんはとても温かいまなざしをしていました。

◉これからの気仙沼と南町商店街

気仙沼には震災時の津波によって全長六〇メートルの大型漁船が、港から七五〇メートルも離れた市街地まで打ち上げられていました。津波の恐ろしさを伝える「震災の記憶」として、多くの人がこの漁船を見るために気仙沼に訪れていましたが、二〇一三年九月にこの漁船は解体されました。地元の人たちの要望によりこの漁船は撤去されることになりましたが、その結果気仙沼を訪れる人も明らかに減っています。紫市場に訪れる人も半減しました。

しかし、いつまでも被災地の商店街ではいられません。商店街そのものに訪れる価値をもたせなければ、将来また物寂しい商店街に戻ってしまいかねないのです。

◉希望をもって未来を見据える

村上さんは商店街として今がチャンスなのだと言います。四〇～五〇店舗が集まった商店街をつくり、その周辺で人が集まるような事業を始めたいと考えています。

また、防潮堤に関してもウォーターフロント型の防潮堤が市民の願い通り建設される可能性があるそうです。単にコンクリートの壁をつくるのではなく、緑地や海を眺められる観覧席やスロープを伴った防潮堤にすれば、先進事例になり各地からの視察も呼びこめられます。

さらに、商店街近くに災害公営住宅の建設も予定されているので、震災後南町から離れざるを得なかった人も戻ってこられるようになるでしょう。

少しずつではありますが、着実に南町は地域の人々が思い描いていた未来に近づいています。それはみんなが理想とする未来を諦めなかったから。防潮堤に関しても、災害公営住宅に関しても、計画が進むまでに幾多の困難がありましたが、実現はもう目の前です。何事も諦めなければ未来は開けるということが、南町のみなさんを見ているとまさに実感します。

◉すべては南町のために

津波に遭ったお店の片づけをしていたときです。村上さんは膨大なヘドロの中からピカッと光るものを見つけました。おそるおそる手にしてみると、それは村上さんがそれまで愛用していた包丁だったのです。他の板前の包丁はすべて流されていたにも拘わらず、村上さんの包丁だけが奇跡的に傷一つない状態で出て来たのです。

そのとき、村上さんはなぜ自分が生かされてきたかに気づいたと言います。きっと神様がもう一度この南町で寿司屋として立ち上がれといっているのだろう、と。

それからというもの、村上さんは地域のために自分が何ができるのか考えてきました。そしてこれからも、南町のために全力を尽くし続けます。南町の商店街の挑戦はまだまだ始まったばかりです。まずは本設の商店街に向けて、商店街の仲間たちとともに一歩ずつ歩き出しているのです。

3　気仙沼の女将会「つばき会」

◉おもてなしをするために

気仙沼を語る上で欠かすことのできない団体があります。それが「つばき会」。つばき会とは気仙沼の女将会のことをいいます。つばき会は震災前の二〇〇九年から活動を行っていました。民間企業から気仙沼市役所の観光課に出向していた方が、気仙沼にも女将会を作ってはどうかと提案してくれたことが、結成のきっかけだったそうです。全国的には女将会といえば旅館の女将によって構成されているのが一般的ですが、気仙沼では旅館の女将に限らず、さまざまな業種に関わる女性たちの組織にしようということになりました。『おかみのさんま』という本で有名になった斎吉商店の専務取締役・斎藤和枝さんも、海の市という観光施設に小売店舗を出し、飲食店なども行っていたこともあって、メンバーに誘ってもらったといいます。ちなみにこの和枝さんは、陸前高田の河野通洋さんがどうしても中小企業家同友会に入ってほしいと懇願した女性。今では同友会のメンバーでもあります。

つばき会の目的は、「気仙沼に来た方々にもっとおもてなしをすること」でした。ところが、気仙沼で生きてきたつばき会のメンバー自身も気仙沼のことをあまりよく知らない、という事実が発覚したのです。気仙沼のことをよく知りもしないのに、気仙沼の魅力を伝えるなんてできない、と考えたつばき会のみなさんは、まず自分たちで気仙沼のことを知ることから始めました。

とはいえ、旅館のおかみさんなどは忙しいためなかなか遠出もできません。そこで、ランチの時間などを利用し、気仙沼にある旅館やホテル、レストランなどのお店を回りました。単にみんなでご飯を食べるだけでしたが、これが功を奏しました。実は、旅館の女将などは、他の旅館やレストランに行くと何か思われるのではないかと遠慮して、あまり外食をしたりすることがなかったのです。しかし、つばき会はそうした変な気遣いなどはむしろなくしたほうがいいのではないかと考え、積極的に旅館の女将たちにも他のお店の味や接客を体験してもらうことにしました。良いものがあれば素直に学び取り入れる、という精神でともに高め合っていけば、きっと気仙沼は良くなっていくはず。気仙沼のために何ができるだろうか、その一心だったのです。

あるとき漁師さんから、「気仙沼は全国的に見ても他の地域より漁師がたくさんいる」ということを言われたそうです。もちろん気仙沼の地元の漁師さんが多いということもありますが、他地区から来た漁師さんが多いということが特徴だそうです。例えばカツオは九州・四国あたりから北上して北海道のあたりまで行き、その後また南下していきます。高知のカツオ船はそのカツオを追って漁をするのですが、北上する時と南下する時の二回三陸沿岸を通過するのです。そういうこともあり、気仙沼で水揚げする船が多いのです。

また、気仙沼の内湾は深さがあるため、台風が来てもあまり湾が荒れることがないのだそうです。そのため、台風が近づくと多くの船が一時気仙沼湾に停泊しに集まってきます。波止場に一艘だけロープで停めておけば、あとは横付けで船を並べるだけ。台風のような日であっても安心して船を停めておける場所は他にはない、ということで漁師さんたちは台風になると気仙沼で夜を過ごしたのでした。

こうして集まった船が港から出て行くことを「出船」というのですが、今から四〇年前くらいはかなり盛大に行われていたそうです。多くの旗がなびくなかで、五色のテープを船員と見送りに来た人が持ち、後ろでは都はるみの演歌や軍艦マーチが流れます。こうしたことが日常的な地元の風景でした。

しかし、だんだん漁業が衰退していくにつれ、この出船おくりの文化も薄れていきました。漁業は気仙沼の基幹産業であり、漁師さんがいて初めて水産加工業や製氷業も成り立ちます。気仙沼を背負って漁に出て行くにもかかわらず、誰にも見送られることもなくひっそり出て行く現状をなんとか変えたいと思ったつばき会のみなさんは、ゲリラ的に出船おくりを行うことを思いつきました。

そのヒントとなったのが、「あおぞら組」という青森県の大間町の取組みです。あおぞら組は女性をリーダーとした組織で、北海道へと出航するフェリーを、大漁旗を振って見送るといった活動を行っています。これが多くの観光客を迎えるようになり、まちおこしに繋がった、という講演を聞いたつばき会のみなさんは、自分たちも出て行く船に対し大漁旗を振ったりしてみてはどうかと考えました。そこに古き良き出船の文化を融合させたら面白いのではないか、ということでゲリラ的に船を送りに行ったのです。もっとも気仙沼の大漁旗は船に掲げるため、一辺が二メートル以上もあります。これを振ることはなかなか難しいので、みんなが振れるような手旗サイズの大漁旗を作ってもらい、出船に臨みました。

当時の出船は船の関係者だけでひっそりと行われていたので、関係のない人が出船に立ち会っていると怪しまれたものだといいます。しかし、つばき会のみなさんは、そうした見えない壁やしがらみこそが地域の閉鎖的な雰囲気にもつながっているので、どうにかそれを壊したいと思っていました。ある船をみんなで見送れば、次に出ていくその隣の船も続けて見送る、そういう文化をもっと作っていくべきなんだと。つばき会のみなさんは、気仙沼の船も他県の船も区別することなく、すべての船に対して出船おくりを行いました。

盛大に出船おくりをしてくれるつばき会に対し、漁師のみなさんは感激して出港していくそうですが、初めはそれほど喜ばれるものでもなかったそうです。出船に身内以外の人が来ることが珍しい状況だったのです。

「お邪魔にならないように送りますから、どうか出船おくりをさせていただけないでしょうか」。

つばき会のみなさんは、漁師さん一人一人に頼みに行きました。

「そんなこと言っても、あんたたちが出船に来るってことは、こっちはテープもいっぱい用意しなけりゃなんないんだよ」。

ときにはこういった嫌味を言われることもあり、くじけそうになったこともあったそうです。また、自分の出船には人があまり集まらず、他の人の出船でたくさんの人が集まっていると、面目が立たないから困ると言われたことさえあったといいます。それでもめげることなくゲリラ的に出船おくりを行うことで、だんだんと漁師さんたちも喜んでくれるようになり、再び地域の風物詩となっていきました。

こうした出船おくりは意外なところで気仙沼に恩恵をもたらしました。それは震災直後のこと。津波の影響で気仙沼の魚市場は壊滅状態となり、冷蔵庫も冷凍施設もほとんどない状況だったので、気仙沼に水揚げする船はほとんどないのではないかと思われていました。気仙沼全体が一丸となり、震災から三か月後の六月には魚市場を再開することができましたが、それでもまだ復旧には至りません。しかし、なんと二〇一一年もカツオの水揚げは気仙沼が日本一の座を守ることができました。一六年連続の日本一を獲得できた背景には、多くの漁師さんたちによる協力があったからだといいます。

「なんとか気仙沼に水揚げしよう」。

こうしたことが仲間内で言われていたそうです。つばき会をはじめ、気仙沼のみなさんはいつも自分たちを気持ちよく送り出してくれている。そんなみなさんのために、他ではなく気仙沼で水揚げをしたい。そうした漁師さんたちの思いが、今回気仙沼を再び日本一へと導いてくれたのでした。もちろん冷凍施設もほとんどないので一度に多くの船が水揚げすることはできません。そのため船どうしが海の上で水揚げの順番を調整し合い、互いに協力し合って気仙沼に水揚げしてくれたのです。

それも、きっかけとなったのは、つばき会のみなさんが出船おくりの文化をもう一度取り戻したいと動き出したからこそ。気仙沼のためにできることを、とくに目立とうという意識もなく、ひっそりと地道に行い続けてきたつばき会のみなさんですが、その活動は着実に大きな果実を結んでいました。前向きな女性のパワーが、気仙沼を復興へと推し進めているのです。

◉初めてのさんま漁出船おくり

つばき会が結成されて一年経った二〇一〇年のことです。つばき会のみなさんは、これまでゲリラ的に行ってきた出船おくりをさんま船団で行えないかと考えました。さんま漁というのは、みんな北海道から一斉にスタートするそうで、気仙沼には燃料や食料を準備するために立ち寄り、準備が整い次第北海道へと向かっていくのです。気仙沼から北海道に行く時はみんなバラバラ。

「何艘もの船が一斉に出港する光景は壮観だろうな」。

つばき会のみなさんは思いました。

「気仙沼から北海道へ向かう時に一斉に出港してもらえないだろうか。そうすれば盛大な出船おくり

出船おくり

一斉スタートに備えるさんま船

になるかもしれない」。

すぐに各船の漁労長に承諾をしてもらいに行きました。しかし、こうした取り組みは初めてだったため、本当に船は接岸されているだろうか、天候は大丈夫だろうか、盛大に行えるだろうか、といった不安でいっぱいだったそうです。

そして出船の当日。なんと見送りに集まった人は三〇〇人にのぼりました。紙テープがなびくなか、一〇艘の船が出港し、思い描いていた壮観な光景が港に広がったそうです。また、漁師さんたちは恥ずかしがり屋が多いらしく、こうした盛大な見送りを喜んでくれるか、本当に協力してくれるのか、といった心配もありましたが、見送りを受けた漁師さんたちの表情は一様に明るく、内湾で船を一周させて海に出て行くほど張り切った様子だったそうです。

この取組みは、漁師さんや市民だけでなく、観光客にも地元の伝統を楽しんでもらう気仙沼の新たな風物詩となり、気仙沼市長も「気仙沼の新しい文化だ」とつばき会をたたえました。つばき会のみなさんは、自分たちが見たいと思った光景だったから行っただけだと控えめな様子でしたが、とにかくまず動いてみるというのがつばき会の一番の強みです。それが見事に発揮された、さんま漁出船おくりでした。

震災後も出船おくりは継続的に行われており、観光客も一緒になってテープを引き、これから海に出ていく船を見送ります。そこでは漁師さんの家族も一緒に見送っているので、家族の別れにもらい涙する観光客もいるそうです。また、自分たちが普段当たり前のように魚を食べられるのは、こうして漁師さんたちが命懸けで漁をしてくれるからだということを実感するいい機会でもあります。初めて気仙沼に来た人などは出船おくりを見ずに帰ってしまう人が多いので、ホテルやスーパー、コンビニなどにも出船おくりが行われる日時が分かるようにしてはどうかと検討中だそうです。出船おくりの文化を根付かせるために、つばき会はより高みを目指してがんばっているのです。

◉徳仙丈でもおもてなし

気仙沼には日本一のつつじの名所として名高い「徳仙丈」という標高七一一メートルの山があります。毎年五月から六月上旬にかけて満開を迎える山つつじ・蓮華つつじが、五〇ヘクタール（東京ドーム約一〇個分）もの広範囲にわたり山全体を赤やオレンジに染め上げます。その数は実に五〇万本。また、つつじはもちろんのこと、山から見える太平洋の雄大で荘厳な光景も素晴らしいものです。真っ赤な山の向こうに見える青い海。気仙沼は海と山が近い分、他では見ることができないような絶景を味わうことができるのです。

多くの観光客は、徳仙丈から下りてきて海鮮丼を食べるのが定番コースとなっているそうなのですが、山の途中で傾斜が急になるところがあり、多くの人は頂上まで行かずに下りてきていたそうです。そうした状況を知り、つばき会のみなさんは思いました。

「徳仙丈のてっぺんに行けば、もっと気仙沼の素晴らしい景色が見られるのに。ぜひ上まで登って欲しい」。

そこで思いついたのが、みんなが折り返してしまう地点で力水を与えることでした。お茶やお水を観光客のために用意しておくのです。女性がポットや水タンクを持って山を登ることはかなりの労力を必要としましたが、泣き言を言っても始まりません。熱いお茶が好きな人もいれば、冷たいお水が飲みたい人もいるだろうと、徹底的におもてなしをしました。

「ちょっとしんどいけど、もう少しだからがんばって」。

観光客一人一人に励ましの言葉もかけてあげました。そうしたつばき会の母親のような優しさに、多くの観光客が感激しました。しかし、つばき会のみなさんにとっては、自分たちに対する御礼の言葉よりも、頂上からの絶景を見た感想を聞くことの方がうれしかったそうです。気仙沼の自慢の景色を褒めてくれることが、自分たちの喜びにつながる。つばき会のみなさんは自分の仕事も抱えながら活動を行っていますが、その活動はメンバーにとって全く苦ではなく、むしろ毎日の活力となっています。明るく楽しくおもてなしをするつばき会。漁業の町ということで、これまでどこか男性的な荒々しいイメージのあった気仙沼に、つばき会は一筋の光を差し込んだのでした。

◉気仙沼の漁業

気仙沼の漁業を間近で見てきたつばき会のみなさんにとって、この震災は気仙沼の街が漁業によって成り立ったことを痛感するきっかけになったといいます。それまでは、漁業はもちろん、工業も農業も自分たちを助けて欲しいと声を上げていたそうです。しかし、この震災でやはり漁業がしっかりしなければ気仙沼は生きていけないということが明らかになり、漁業を立て直そうという矢印がそろったのだそうです。

気仙沼は震災後もカツオの水揚げが日本一でした。しかしこれは南からカツオを追って北上してきた九州や高知の船が、気仙沼で水揚げしてくれたからこそ。何百艘とカツオ船がある中、気仙沼でカツオ船は一艘しかありません。九九％は他県の船なのです。また、サンマも本州においては気仙沼の水揚げが最も多く、北海道に次いで二番目の水揚げを誇っています。これも同様、富山だとか、北海道だとか、いわきだとか、全国の船主が気仙沼で揚げてくれるからなのです。もっとも、船主は他県の方ですが中に乗り込んでいる漁師は気仙沼の方がほとんど。気仙沼の港には、優秀な漁師さんが長い時間をかけてたくさん育っています。北海道の船であっても、気仙沼に優秀な魚捕りの人がいるために、気仙沼の漁師さんで船を組織するというから驚きです。気仙沼の人を雇用して、気仙沼に何億と魚を揚げてくれているのです。また、船の設備や冷凍庫、オイルなどはすべて気仙沼で用意します。そのため、気仙沼では漁業に関連する産業が発達していきました。また、漁に出ている一年分の食料や日用品も気仙沼で準備するため、漁業だけでなく地域全体に経済効果が及びます。港付近の飲食街もたくさんの恩恵を受けました。これもすべて気仙沼に漁師さんがいるからこそ。つばき会のみなさんは、もっと気仙沼全体で漁師さんに対する尊敬を高めていくべきだといいます。

昔の写真を眺める斎藤和枝さん（右）と小野寺紀子さん

つばき会の事務局長である斎吉商店の和枝さんも、漁師さんを心から尊敬しています。震災後は水産加工一本でやっている斎吉商店ですが、それまでは廻船問屋も行っていました。一九四一（昭和一六）年に創業し、かれこれ七五年近くも続いている老舗の問屋さんです。この廻船問屋というのは、船に関係する人たちととてもつながりの大きい商売です。他県からの船のお世話をする船主代行業を仕事とし、獲れた魚を市場に売ったり、船に食料や油（燃料）や氷を積んだり、保険の手続も代わりに行ったりします。また、ときには病院へ連れて行ってあげたり、乗組員さんにごはんを食べさせてあげたりと、まさに「よろずお世話係」のようなものです。そんな廻船問屋で生まれ育ち、小さいころから間近で漁師さんを見てきた和枝さんにとって、漁師さんはどんな職業よりもかっこいい存在だったと言います。

また、和枝さんは小さい頃から、お父さんに言われ続けてきたことがありました。

「気仙沼が他の港町と違うのは、船に乗る乗組員がいるから、これだけの船が集まっている。そしてそのおかげで漁業に関連する産業が発達したんだ。気仙沼がこれだけのまちになったのはすべて乗組員さんたちのおかげなんだよ」。

和枝さんのお父さんも海を愛し、漁師を心から尊敬する人でした。漁師の銅像を作りたいとお父さんが言い出した時には、さすがに和枝さんも止めたそうですが、漁師に対する熱い想いは親子そろってすごいものだったのです。

また、同じくつばき会のメンバーである小野寺紀子さんも漁師さんに対する愛で溢れています。紀子さんはアンカーコーヒーでお馴染みのオノデラグループのご令嬢。アンカーコーヒーといえば気仙沼のスターバックスとして誰もが知る有名店ですが、実はアンカーコーヒーはオノデラグループのコーヒー事業部であり、会社としては魚の輸出入や船の仕込みなどを主に行っています。船に餌を積んだり、資材を積んだりするそうです。紀子さんも小さい頃からたくさんの漁師さんたちに可愛がられながら育ちました。

「あの船は今回三億だって。あっちは四億らしいよ」。

漁師さんが今回の漁でいくら水揚げしたかが日常的な会話だったそうです。当時は億という桁の凄さも分からず言っていたそうですが、今考えると小さい頃から凄い会話をしていたんだなと自分でも驚いてしまうほどだとか。昔から憧れの存在といえば漁師さんだったといいます。

しかし、だんだん漁業が衰退してくるにつれて、気仙沼でも漁師になりたいという人が減っていきました。長い間漁に出なければならず、危険を伴う仕事です。漁業が盛んだった時代は三回漁に出れば家が建つと言われてきましたが、現在はそこまで稼ぐことは難しくなっています。また、昔は中学校を卒業してすぐ漁師になっていたけれども、今はみんな大学まで進学するのが当たり前。漁師を辞めた時のことを考えると、中卒ではなかなか雇ってもらえるところはありません。とはいえ、大学まで進んでおいて、漁師になるために気仙沼に戻ってこようなんていう若者もおらず、結果的に今では後継者はほとんどいない状況です。漁師の定年は五五歳ですが、若い漁師がいないため、六〇歳を超えてもなお船に乗り続けている漁師さんがたくさんいます。肉体的にも精神的にも辛いけれど、気仙沼のために船に乗り続けているのです。乗組員のうち日本人は二、三人ほどで、その他何十名はインドネシア人などで構成されています。

気仙沼から漁師がいなくなると、それは気仙沼に船が入ってこないことを意味します。船が入ってこないとなると、船のエンジンや内装、機械類を扱う業者の仕事がなくなってしまうのです。もちろん、これは船の設備に関連する業者に限りません。水揚げが少なくなると製氷業者の仕事も減ってしまいますし、水産加工業者だって大きな影響を受けます。こう考えてみると、漁師さんが気仙沼に及ぼす影響は計り知れないものなのです。漁師の後継者問題を気仙沼全体でもっと真剣に考えなければならない状況に直面しています。

◉漁師さんのカレンダーづくり

こうした漁師の後継者問題を、明るく前向きに議論できないものかと考えるのがつばき会の素敵なところ。おそらく行政なら難しい思考で施策などを考えるのでしょうが、つばき会のみなさんは、まず漁師の魅力を手っ取り早く、多くの人にアピールするために何ができるかを考えました。それが「漁師さんのカレンダー」だったのです。

あまり知られていませんが、大きなカツオなどの魚を竿で引っ張り上げる漁師さんはとんでもない筋肉の持ち主。片手に三本ずつカツオを持ち上げるのだって当たり前です。魚を釣り上げる時も、餌などは付けずに、魚の口を狙って竿を下ろし針で引っ掛けます。それはまさに神業のようなのです。また、何にもない海の上で一年以上過ごし、睡眠時間もままならない漁師さんたちは、漁のたびにさまざまな困難を乗り越えています。漁師さんの奥さんは、旦那さんが漁に出るたび次はもう会えないかもしれないという気持ちで送り出すほど、海の上は危険でいっぱいなのです。そうした世界で生きている漁師さんたちは、表情にもその生き様が表れており、被写体としてはどんなアイドルにも負けないくらい素晴らしいものです。

また、つばき会のみなさんは、どうせカレンダーを作るなら最高級のクオリティのものを作りたいと考えました。このカレンダーをきっかけに、気仙沼の自慢の漁師さんたちを世界に向けて発信するのです。知り合いの東京の制作会社さんに相談したところ、すぐ乗ってくれたといいます。有名なカメラマンの方が撮影にも協力してくれることになりました。

このカレンダーを作ることで、漁師さんたちが注目され、カレンダーに出ている漁師さんたちに会いに来てくれる人が一人でもいてくれればと、つばき会のみなさんは願っています。そうすれば漁師さんも今まで以上に張り切ります。また、鉄道オタクや飛行機ファンがいるくらいだから、漁船マニアだって出てきていいはずです。ぜひカレンダーに載っている船を見にたくさんの人が来てくれれば。期待に胸が膨らみます。

また、震災から二年経ったからこそ、カレンダーを出す意味があるとつばき会のみなさんは考えました。被災地でも多くの建物が取り壊され、従来の街の姿はほとんど忘れ去られようとしています。今しか撮れないものをカレンダーという形で保存したい。また、一年ごとに作成されるカレンダーを通して、街の復興の様子を多くの人に伝えていきたい。そういった思いもこのカレンダーには込められているのです。

震災後もつばき会は出船おくりなどの活動を続けてきましたが、それに加えて勉強会なども行うようになったそうです。

「気仙沼にいるだけではいかん。もっと外に出て色んなことを学び、よそと交流していかないと」。こうした思いから、現在はいろいろな地域に行って多くの人に出会い、たくさんのことを吸収して気仙沼に還元しています。

「でも初めは勉強会をしたくて始めたんじゃないんですよ。なんだかいつの間にかそういうことになっちゃって」。

◉山口県下関唐戸市場の女将会

勉強会をするようになったのは、山口県にある唐戸《からと》市場の女将会との交流会がきっかけでした。震災後、唐戸市場の女将会から何か手伝えることはないかと連絡が来たそうです。

「唐戸市場で気仙沼の物産を販売でもするから」といったやり取りをしているうちに、唐戸市場の女将会が自ら気仙沼に乗り込んできました。そして、女将会の話を聞いていると、それはそれは驚きの連続だったそうです。

唐戸市場は主に仲卸専門で、男の人たちが仕切っていました。しかし、一〇年前に女将会がその経営状況などを確認したところ、赤字でどうしようもない状態だったそうです。唐戸市場はふぐを主に扱っていますが、高級品であるふぐは景気悪化とともにその消費量も少なくなっていました。ふぐは刺身や鍋ぐらいにしかできず、使い道が限られています。それでも最初は余ったふぐを天ぷらにしてうどんに載せたりと、女将会のみなさんは工夫を凝らしていたそうです。

しかしそれから一〇年。今や唐戸市場には下関インターからの約三キロメートルが渋滞になるくらい多くの人が訪れています。どうしてそれほどまで人が集まるようになったかというと、週末の金土日三日間を「活きいき馬関街《ばかんがい》」として飲食イベントを行うようにしたからでした。もちろん平日は普通の市場として男の人たちが開いていますが、週末は女将会がすべて仕切ります。通常の仲卸市場として使われていない朝九時から昼三時までの時間帯を一般の人に開放し、多くの海鮮屋台が軒を連ねるのです。新鮮で安い魚を食べることができるということで、観光客にも人気のスポットとして一躍有名になったのでした。

「つばき会のみんなはまだまだ若いんだから、今立ち上がらなくていつやるの。いつでも教えてあげるから、一度唐戸市場まで来なさい」。

女将会の温かさに心を打たれ、つばき会のみなさんは実際に唐戸市場まで行きました。そのとき気仙沼の物産を持っておいでと言われ、その数がなんと二日間で一〇〇万個。これは通常では考えられない数です。つばき会のみなさんもさすがに一〇〇万個は申し訳ないだろうということで、七〇万個持っていくことにしました。

「その売上げをつばき会のみなさんが下関に来る費用にしなさい。もちろん七〇万個はすべてうちが買い取るから」。

その女将会の懐の深さに、つばき会のみなさんも驚いたといいます。

実際に唐戸市場に行くと、本当に勉強になることばかり。女将さんたちは「市場」というものに対し、とても重きを置いていたそうです。とくに気仙沼には立派な市場があるにもかかわらず、それが有効に使われていません。もっとうまく活用すべきだと女将会のみなさんは強調していました。

「まずはふかひれスープ一杯からでもいいから、何かお客さんに食べさせてみなさい。市場で何か売る、といった動きを何かするべきよ。そこには絶対行政からの苦言があるかもしれないけど、気にしちゃだめ。一般の人にも近づいてもらえる市場にしなくちゃ」。

女将会からのこのアドバイスはまさに的を射たものでした。確かに気仙沼には立派な市場があり、たくさんの魚が毎日揚がります。しかし、市場に出入りするのは業者の人ばかり。二階から市場の様子を見ることもできますが、誰か知り合いからの紹介でもないと、とても入れる雰囲気ではありません。また、午前八時頃にはすでに閑散とした状況なので、一般の人はなかなか市場に立ち寄らないのです。

唐戸市場の女将会のみなさんはそこをまず変えるべきだと忠告したのです。とくに男の人たちは大きな建物などを作りたがるけど、観光客を呼び込むのに大きな施設はいりません。全くお金をかけなくても、少しの工夫があれば状況は打開できるのです。自分たちが身を持ってその経験をしているからこそ、唐戸市場の女将会からの言葉はとても説得力のあるものでした。「私たちも何か始めなければ」と、つばき会のみなさんはそれから市場の活用の仕方を考えるようになりました。

その一つが、「市場で朝めし。」というプロジェクトです。市場に朝市などを出してもらい、お客さんがそこで買ったものを、丼などにして市場で食べることができれば素敵ではないかと考えたのです。

また、震災前までは魚市場で朝市が開かれていたのですが、今は場所を変えて行われています。もう一度市場で朝市を開かないかと呼びかければ、きっとみんな賛同してくれるはずです。まずは実験的に一度やってみようと、二〇一三年九月に実施、八〇〇〇人が集まりました。このプロジェクトは次につながり、翌年は気仙沼市産業まつりと合同開催となり、気仙沼の新たな風物詩になりつつあります。次々と新たな文化を作り出していくつばき会。まさに気仙沼の未来を背負っているのです。

大漁唄い込みのステージ

◉女性ならではのしなやかさ

つばき会のみなさんはさまざまな活動を行っていますが、特徴的なのは全くしがらみに縛られないことです。とくに気仙沼は古い漁師町なので、多くのしがらみが存在しています。漁師さんは漁の仕方を独自で研究し、魚が多くいるところなども他の人に教えたりはしません。そういうことが背景にあるのか、気仙沼はどこか閉鎖的だといいます。

しかし、気仙沼を良くするためにはそんなことを考えていても始まりません。つばき会は何かプロジェクトを考える時でも、できるだけ多くの人たちを巻き込み、たくさんの人が幸せになるようにということを基準としています。そこには自分の損得勘定は全く存在していません。そうした気仙沼への純粋な思いや、人に対する誠実な姿勢が、多くの人を惹きつけているのです。現在つばき会に協力している人のほとんどが、つばき会のみなさんの人柄に魅了された方々ばかり。何をするにも、やはり原点は「人」だな、ということを、つばき会を見ていると実感します。

そして、大漁唄い込みのエピソードもそうです。大漁唄い込みとは、気仙沼の唐桑《からくわ》半島という地域で伝統的に歌い継がれている、大漁を祝う歌です。地域の飲み会などでひっそりと歌われるもので、人前で歌われるようなことはほとんどありませんでした。しかし、つばき会のみなさんは、新しく造られた船が海に出される進水式の時に、ぜひ大漁祈願として大漁唄い込みを歌ってくれないかと歌い手さんたちに提案したのです。このとき、そんな素晴らしい場面で自分たちの歌を披露できるのかと、歌い手の方々は泣いて喜んだのだとか。つばき会のみなさんも、新造船の前で大漁唄い込みが歌われている場面を想像しただけで涙が出てきたといいます。

このときも船頭さんには頭を下げてお願いしたそうです。

「どうか大漁唄い込みをさせていただけないでしょうか」。

よく考えればつばき会のみなさんが頭を下げるのも不思議なことですが、自分たちが頭を下げることで多くの人が喜んでもらえるなら何にも気にならないといいます。それより、大漁唄い込みが船の前で歌われている風景を他でもない自分たちが見てみたい、そんな思いでいっぱいだったそうです。

その進水式が、人前で大漁唄い込みが披露される初舞台となりました。それからというもの大漁唄い込みは注目されるようになり、仙台駅や渋谷のステージで歌われたり、テレビで取り上げられたりと、一躍脚光を浴びるようになったのです。歌い手さんたちはこれまで想像もしていなかったような生活を送るようになったわけですが、それもつばき会のみなさんがきっかけを与えたのが始まりです。多くの人々にチャンスと夢と希望を与えるつばき会。つばき会との出逢いによって、みんな人生がキラキラ輝き出しているのです。

〈参考資料〉
・気仙沼漁業協同組合ホームページ　http://www.kesennuma-gyokyou.or.jp/
・唐戸市場ホームページ　http://www.karatoichiba.com/
・気仙沼つばき会ホームページ　http://www.k-tsubakikai.com/

Ⅲ

災害の時代における中小企業と自治体との戦略的連携

岡田知弘

1　被災地での一人ひとりの「人間の復興」に必要なもの

1　福島県浜通りの中小企業家たち

Ⅱ部の二都物語で紹介した陸前高田の田村満さんや河野通洋さん、気仙沼の清水敏也さんや村上力男さんらの、震災から家族や社員の命を守って経営や生活を再建していくだけでなく、仲間の企業や故郷の復旧・復興に取り組む姿は決して特殊なものではありません。Ⅰ部の最後でも紹介したように、少なくとも中小企業家同友会の会員企業においては、被災地のいたるところで、同様な取組みがなされ、それがデータ的にも事業再開率の高さにつながっているといえます。

ここでは、福島第一原発のある福島県浜通りの中小企業家たちの体験を紹介することから始めたいと思います。Ⅰ部で述べたように、この地区には、福島県中小企業家同友会の相双地区会があり、被災前に九一社が加入していました。そのうち九〇社が事業を再開しています。もちろん、地元に帰還できない企業もあり、この数字は避難先や移転先での再開数を入れています。この相双地区の会員さんたちが、被災後一年八か月経過した時点で、当時地区会長であった菊地逸夫・株式会社キクチ社長（現・会長）の呼びかけで、『逆境に立ち向かう企業家たち』というタイトルの震災記録集を出版しています。そこには八五社の社長や役員が登場しています。被災後七社が移転等の諸事情で退会を余儀なくされましたが、新規に二社が加入しました（福島県中小企業家同友会の豆腐谷《とふたに》栄二参与による）。会員数が減少したとはいえ、事業再開率は前述の帝国データバンクの三〇％台と比較するならば、驚異的な数字だといえます。以下では、この記録集から、被災直後の経営者の動きと思いをいくつか紹介していきましょう。

　前述の菊地さんは、スーパーマーケットを原発二三キロ～七八キロ圏に九店舗展開していました。本人は、出張のため新幹線で移動中に被災し、急いで相馬市の本社に戻ったそうです。すぐさまお店と社員の安否確認を行いました。津波で一店舗が全壊、社員二人が亡くなっていましたが、それ以外のお店は店長判断で翌日から店頭での営業を再開し、売れ残りのお弁当、総菜などを近所や避難所に配ったお店も複数ありました。しかし、三月一四日に福島第一原発三号機が爆発し、社員を避難させるために五店舗の閉鎖を決めざるを得ませんでした。相馬市の本店だけは幹部社員が集まって開業することを決め、近隣のスーパーで唯一営業を再開しました。開店準備のために、同友会会員などありとあらゆる伝手を頼って、軽油、トラック、商品を確保し、お店がなくなってしまった南相馬市には無料バスも走らせることになりました。再開日には、開業前に一〇〇〇人近くの被災者が並ぶ状態でした。お客さんからは、一言も不満がでず、逆に「キクチさんが開いてくれて本当に良かった」「どうしてこんなに品物があるの？」「皆さん休まないで頑張ってるんでしょう……」という感謝と励ましの言葉が社員にかけられ、総務部長の佐藤弘道さんは「生活基盤としての食品スーパー、当たり前と思っていたことが当たり前でなくなった瞬間『キラリ』光る仕事なんだと実感しました」と述べています。菊地社長も、「あの時のお客様と従業員の喜ぶ顔は一生忘れない」と語っています。なぜ、このようなことができたのですかと私が尋ねる機会があったのですが、そのとき社長は、「生活必需品を通してお客様に親しまれ、喜ばれ、役に立つ企業であること」という経営理念が、店長はじめ社員にとって血肉になっていたからでしょうと、笑って答えていました。

震災・事故直後は、小売業だけでなく、いろいろな業種の会員が現場で活躍しています。柴田鮮魚販売株式会社の中田浩行社長は、原発事故後も南相馬に残りました。そして、避難所や病院に向けて食品の配送を一手に行いました。看護師さんや患者さんがとても喜んでくれたそうです。同じく南相馬市の株式会社昭和観光バスの岡本吉輔社長は、双葉郡の町村役場からの要請で、避難用バスを出し、休む間もなくピストン輸送しました。男性社員全員が会社に寝泊まりしましたが、「俺たちが今、ここでバスを出さなかったら、人々は避難できない」という使命感で仕事をつづけたそうです。実際、三〇キロ圏には他の地域からバスは入れず、結局昭和観光バスだけが南相馬からの避難バスを出しました。岡本社長たちは、避難をしない人たちのためにボランティアでプロパンガスやタンクローリーの運転もしました。タンクローリーも三〇キロ圏外からは入ることができなかったからです。

原町でパンの製造小売業を営む只野実・パルティール社長は、市役所からの要請で、避難所向けの救援物資としてのパンの製造を引き受けました。そのほか、避難者のためにホテルの空き室を開放した宿泊業の社長、断水になった地区に水を配った管工事会社、顧客のために薬を売るために店を開けた薬局経営者、給油機が壊れたため手動でガソリンを販売したガソリンスタンド社長など、多様な職種の会社が、緊急時に自らの仕事の社会的使命を自覚し、専門性を発揮して災害に対応したのです。

原発から三キロ圏の大熊町に本社をもち、浪江、冨岡両町に拠点をもっていた双葉設備工業株式会社の志賀勝彦社長は、浪江町役場で仕事の打ち合わせをしているときに被災し、すべての事業所が営業不能となりました。原発事故によって、浪江町津島地区、そして福島市内の福島北高校の体育館に避難しました。そこで自治会長を引き受け、同友会仲間の福島地区の株式会社アポロガスさんから無償でガスの提供を受け、寒い体育館で鍋料理を食べることもできたといいます。原発関連の仕事をしていたため、福島第二原発と広野火力発電所の復旧工事への協力を求められ、これも同友会のネットワークを生かして元の食品工場を使用して事業を再開します。一階を利用して仕出し弁当事業を開始したほか、放射線管理・除染事業を行う双葉環境整備株式会社も設立します。また、復興住宅需要に応えるためにハウジング部も新設しログハウス系の心と体の健康住宅販売も開始します。さらに、故郷の復興を自ら手がけたいという思いから、仲間に呼びかけて双葉郡復興事業協同組合を設立しています。志賀さんは、避難所生活時代、廃業も考えたそうですが、何よりも社員の存在が事業継続を決断させたと回想しています。

南相馬市原町で青田電気商会を経営していた青田純さんは、原発事故のあと福島市に一旦避難します。しかし、二週間ほど経過してから、南相馬で復旧工事が開始され仕事の連絡が入るようになります。青田さんは、「何とかしないといけない」と思い、事業の再開を決断します。一四人の社員に声をかけたところ若い社員や退職前の社員を除く一〇人が戻ることに同意し、仮設住宅の設置や復旧工事の仕事に追われることになりました。けれども、資材は原発三〇キロ圏まで届かず、相馬市までわざわざ取りに行く作業が続きました。労務管理事務所を営んでいた荒明健さんも、被曝の被害を恐れながら避難先から原町に戻りました。社会保険労務士の仕事は、休業補償、社会保険手続等、被災直後になくてはならないものとなっていました。また、不動産の仕事の関係では、南相馬に避難されてきた原発事故被災者の住宅手続きが多くなっていましたし、失業、休業関係の手続きも伴っており、荒明さんは「目の前に自分を必要としているお客様があり、また自分も被災者の一人ですので、何とかお客様の要望に応えたい、助けになりたい、今はそれだけです」と語っています。保険代理店を営む石塚健二さんも、子どもを残して単身で原町に戻りました。保険代理店としては石塚さんのお店だけが営業し、他社契約者のお客さんも含めて朝早くから夜一一時頃まで対応したそうです。石塚さんは、震災以来、できるだけ買い物は地域内でしようと心掛けています。その理由は後で述べます。

他方で、被災地域に戻れず、避難先で新たな取組みを開始した経営者もいました。株式会社マツバヤの松原茂さんは、浪江町の本社で被災しました。山形市まで避難しますが、五月初めに猪苗代で従業員集会を開き、ネット掲示板等の呼びかけで二〇〇人の社員のうち九〇人が参加し、今後の事業について話し合いました。社員からは事業再開を望む声が出され、失業給付と賠償金の給付を受けながら、社員とともに事業再開を行うことを決断します。その際、従来からの顧客がいる浪江町などの仮設住宅用物品の納入、学校再開による運動具や学校用品の納入、仮設住宅入居者向けのカタログ販売事業の立ち上げ等のアイデアが出て、それを具体化していくことになります。その後、田村市で新店舗を開業するなどして本格的に事業を再開することになりました。松原社長は、震災で価値観が変わったといいます。経営スタイルもオープンなチーム経営に変えました。そして、「どんな場所、どんな形でも同じ思いと同じ価値観を持った仲間＝同志（従業員）たちがいれば事業は再開できると実感」したといいます。そして、新たに「まちづくり事業」を故郷復興のために立ち上げたいという意欲を語っています。同じく、浪江町で花と緑の専門店を営んでいた有限会社美花の神長倉豊隆さんは、顧客の浪江町民が全国に避難してしまい、事業の再開の目途が立たないと自覚します。しかし、神長倉さんは、いずれ浪江町に戻りたいと考えており、「町の復興とともに事業を再開させたい」と強く思い、「まちづくりNPO新町なみえ」を立ち上げます。故郷の盆踊りやイベントを役場の避難先である二本松市で開催したり、全国を回って避難生活を送る浪江町民と交流する取組みを続けています。

ところで、災害時において破壊された建物の瓦礫を取り除き、人や自動車が通れる道路を確保することは、建設工事業の重要な役割であり、多くの場合自治体と防災協定を結んでいます。相双地区の中小企業家同友会の会員企業も、震災・津波被害直後から、このような啓開事業に取り組みました。南相馬市の石川建設工業株式会社の石川俊社長もその一人です。単なる工事ではなく、遺体捜索活動の一環でもあることから、社員のメンタルヘルスも含めて気を遣うことが多かったといいます。有限会社番場産業の番場三和子社長も、そのような遺体捜索に協力しながら、故郷の再生に使命感をもって取り組んでいます。しかしながら、石川さんが指摘するように、福島県の公共労務費は全国で二番目に低く、宮城県と五〇〇〇円も違います。しかも、公共事業の多くを大手ゼネコンや地元ゼネコンが取っていってしまうので、地域の土木建設業の経営者は厳しい経営環境にあります。原発事故後も防護服の手当てはなく、行政に強く要望しているとのことでした。

被災地の復旧・復興は、単独の企業やその仲間たちだけでは到底成し遂げることができません。土木建設業だけでなく、他の業種の経営者たちからも、緊急事態であるにも拘わらず、行政の縦割りや手続きの硬直性が被災前と同様に続いていることへの批判が書かれています。報告書の座談会において相双地区会長の高橋美加子さん（株式会社北洋舎クリーニング社長）が、「行政の姿勢として感じるのは、新しい産業をもってくることにとても力点を置いているということです。腹が立つのは、今の既存の企業の中で、やっていけるところはないだろうという発想に最初から立っているように感じることです」と述べている点は、とくに重い指摘です。被災した社長のなかには、だからこそ中小企業振興基本条例の制定が必要だという声もあがっています。ちなみに、先ほどの公共労務費問題は、後に述べるように公契約法あるいは公契約条例によって改善できるものです。ここでも国や地方自治体の政策と地域中小企業、そして災害対応との深い関係を見ることができます。

2 中小企業家たちの復元力の源

以上のように、相双地区での中小企業家たちの被災時対応、そしてその後の復興過程における事業再開の活動ぶりには感嘆すべきものがあります。そこには、陸前高田の中小企業家たちの取組みを目の当たりにした国連の職員が「世界中の被災地で中小零細企業が町のために尽くしているところはほとんどない」と驚嘆したような、質の高さがあります。他方で、行政施策の課題も浮かびあがってきているといえます。後者の問題は、後に詳しく述べることとして、まず災害に立ち向かうことができている中小企業家たちについて、なぜそのようなことが可能になったのか、検討することにしましょう。

私には、東日本大震災を体験し、文字通りマイナスからの再建に取り組んできた激甚被災地の中小企業のみなさん（経営者と社員）には、被害状況や業種は異なるものの、ある共通性が見いだせるように思います。

第一に、震災前から、会社としての明確な経営理念、経営指針をもっていたことです。これはキクチの事例からも明白ですが、単に社長が自分だけで考えたものではなく、社員とともにオープンに議論し、定期的なミーティングのなかで社員の血肉になってきている会社ほど、いかなる危機に対しても団結して立ち向かうことができることを示しています。

第二に、その経営理念があるからこそ、とくに中小企業家同友会の場合は経営者と社員が共に育つこと、そして地域に貢献する企業であることをめざして入会していますので、経営者が緊急時に、何よりも社員と地域の住民の命を大切にした初期行動をとっていることが共通しています。

第三に、陸前高田、気仙沼、そして相双地区の中小企業家の皆さんは、いずれも地域とともに自社が存在しているという自覚をもって行動しているということです。企業の再建そのものは、他の地域でもできることです。しかしながら、いずれの地域においても、自らの故郷としての地域の再生を考え、社長の立場だけでなく住民の一人としてその再建に取り組みたいという強い使命感を見いだすことができます。

第四に、上記の点は自分の仕事へのこだわりと誇りによって裏付けられていると思います。これは、相双地区の事例で紹介したように、実に多様な地域の業種それぞれに、そして同一業種のなかでも個々の会社に固有な形で存在していることが確認できます。経済学に社会的有用性という考え方がありま す。ある仕事がその地域で再生産され維持されてきたのは、社会的な意味での有用性があるからです。それは、顧客からの感謝、応援という形で表現できます。建設業や製造業だけでなく、運輸業、小売店、卸売業、ガソリンスタンド、そして保険代理店や社会労務事務所等のサービス業も、地域社会にはなくてはならない存在なのです。これらの仕事の中身が大事であり、金銭的に儲けることだけを追求しても、災害時においては何の意味もないことがわかります。

相双地区の記録集のなかで、何人もの社長が「価値観が変わった」と指摘し、保険コンサルタントを営む猪俣勉さんは「お金があっても何も買えない。ガソリンもない。コンビニも開いていない。お金自体に価値があるわけではない。正しいお金の使い方があることを再認識しました」と述べていますし、同様の考えから「地産地消」の買い物をするようになった経営者もいます。いざという時に、現物やサービスをやりとりしながら助け合うことができる多様な業種の企業の存在と、その相互取引が必要だということを究極の生存の危機のなかで知ったのです。このことこそ、震災復興にあたって、被災した企業や経営者、従業員が、仕事をすることを通して、人間らしい生活を物心両面にわたって回復させていく復元の力であり、「人間性の復興」と私が呼んでいるものです。

第五に、個々の経営者は、決して一人の力だけで復活する力を得たわけではありません。ほとんどの経営者が、中小企業家同友会で培った仲間のネットワークのなかで、情報や物資のやり取りを行い、また全国の仲間や同一県内の仲間がサポートをして、はじめてできたことでした。しかも、陸前高田の田村さんと河野さんの話にも出てきたように、日頃の例会活動の蓄積が、いざという時に重要な知恵や行動を生み出すのです。その際、行政機関や産業支援組織、さらに専門家や研究者のつながりをフルに活用することで、チャンスを見いだし、新たな取組みを創造することができるわけです。とくに、後に述べるような国や地方自治体による各種の支援策の情報は、努力しなければなかなか入手できませんし、たとえ情報が入ったとしてもその手続きは周りのサポートなしにはできないことです。この点からも、日頃から行政関係者や産業支援団体のスタッフと知り合い、信頼関係を作っておくことがとても大切だといえます。

最後に、被災地の経営者の皆さんと話をしていて、これも共通に聞かれたことが「中小企業振興基本条例」があれば、これほど苦労することがなかったという言葉です。先ほどの相双地区の経営者の皆さんの話のなかでも、復旧・復興事業の発注が地元中小企業に波及しないことや、公共労務費の単価が低すぎるという問題が指摘されていました。後者については、公契約条例をつくることで最低の賃金を適正な価格に引き上げることも可能です。日頃からこのような中小企業振興政策を作り出す経営環境改善の取組みが必要であることを、物語っているといえるでしょう。この点は、本章の最後で改めて述べたいと思います。

3　被災中小企業の回復力と国及び地方自治体の支援策

以上のような被災中小企業の回復力を高めるためには、中小企業振興基本条例のような理念条例だけでは足りません。併せて、国や地方自治体による、被災地の産業・企業の実態と具体的要望に対応した、時宜にかない、柔軟性を備えた復興支援策が必要不可欠です。

これまでの大災害においては、被災した中小企業の施設の復旧や再建に対する助成手段は、せいぜい低利融資に留まっていました。しかし、それだけでは応急対応はできたとしても、本格的な復興まで資金がもつかどうかも見通しが立ちません。阪神・淡路大震災以来、被災した地域の中小企業経営者、中小企業団体から、融資を上回る助成制度の拡充を求める要求が出てきたのは当然のことでした。

その運動の効果もあり、東日本大震災において中小企業等グループ補助金事業が初めて具体的施策となりました。このことの意義は極めて大きいといえます。

同事業の具体的内容は、復興のリード役となり得る「地域経済の中核」を形成する中小企業等グループが復興事業計画を作成し、県の計画認定審査会において認定を受け、国の補助事業審査委員会で承認された場合に、施設・設備の復旧・整備費を支援するというものです。具体的には、中小企業を対象に、国が四分の二と県が四分の一を補助することとなっています。

同事業は、あらかじめ以下の四つの類型のいずれかに相当している計画であることを要件として求めていました。①経済取引の広がりから、地域の基幹産業・クラスター、②雇用・経済の規模の大きさから重要な企業群、③我が国経済のサプライチェーン上、重要な企業群、④地域コミュニティに不可欠な商店街等。二〇一三年一二月からは、福島県内企業を対象に、五つめの類型として、⑤住民帰還に当たり生活環境の整備や雇用機会の提供に不可欠な企業群、が加えられました。

二〇一一年八月から二〇一五年五月までの一四次にわたる公募に基づく採択がなされています。この間、北海道、青森県、岩手県、宮城県、福島県、茨城県、栃木県、千葉県の八道県の被災地に、合計六〇五グループ、四五四六億円（うち国費三〇三一億円）が交付済みです。

ただし、第一次採択の際には次のような問題点がありました。すなわち、宮城県でサプライチェーン型に偏って補助金が交付され、津波被災地である三陸海岸側の地場産業への支援がきわめて弱かった点、事実上大企業への補助金になっている例があった点、工業や商業以外の建設業等の地域産業への支援がなされていない点、さらに申請手続きが極めて煩雑であり被災現場の実態に適合的でない点、そして基礎自治体や地元商工会議所・商工会との連携がないために復興計画との整合性がとれていない点等、です（詳しくは、岡田知弘『震災からの地域再生』新日本出版社、二〇一二年参照）。

その後、これらの問題点は大きく改善されていきました。それは、対象地域や対象業種が拡大される一方、中小企業支援に限定されるようになり、しかも一四次にわたって継続的に公募が行われてきたことによります。

ちなみに、気仙沼市内の事業者の採択状況は、**表1**と**表2**のようになっています。この二つの表からは三つの点を確認することができます。すなわち、第一に対象業種が、サプライチェーン系の製造業だけでなく地場産業の水産加工業、建設業、卸・小売業、サービス業、観光業、不動産業、金融業（信用金庫）や情報通信業（ケーブルテレビ放送局）等へと広がり、地域経済の産業連関を意識したものになってきていること、第二に、初期のグループに事業者が新たに加わる形で追加的にグループ事業が拡大されてきていること、第三に、第一〇次認定の大島の民宿経営グループのように、昭和旧村という地域の広がりでの地域産業再建を支援していること、です。

気仙沼市の発表資料によれば、第七次までのグループ補助事業の補助金累計額は認可ベースで四五一億円（うち国費三〇一億円）に達します。これは、全国の補助金総額の一割強にあたります。また、補助を獲得した市内事業者数は、七七八事業者に及びます。これは、推定被災事業所数の二割から三割にあたる比率です。

表１　気仙沼市内事業者の採択状況（第１次～第７次）

（単位：百万円）

グループ名	事業者数	交付決定額
●第１次採択分	8	947
①気仙沼漁港機能再建対策委員会	8	947
●第２次採択分	3	220
②耳鼻咽喉科向け医療機器製造グループ	3	220
●第３次採択分	166	23,995
③気仙沼水産業グループ	108	22,519
④気仙沼地区住環境復旧復興支援プロジェクト	12	210
①気仙沼漁港機能再建対策委員会（①へ追加）	45	1,199
⑤気仙沼地区生コンクリート協同組合	1	67
●第５次採択分	101	5,189
⑥気仙沼本吉地区建築資材住宅供給グループ	15	790
⑦気仙沼観光産業復旧グループ	86	4,399
●第６次採択分	407	12,984
⑧気仙沼市地域コミュニティ再生グループ	282	8,689
⑨気仙沼地域産業・住環境基盤整備グループ	78	1,516
⑩気仙沼水産復興グループ（③へ追加名称変更）	41	2,698
⑪気仙沼チーム 3R 資源環境グループ	6	81
●第７次採択分	43	892
⑫気仙沼商業コミュニティ復興グループ（⑧へ追加名称変更）	37	743
⑬気仙沼建設業雇用経済再生グループ（⑨へ追加名称変更）	6	149

注：このほか、市外グループに所属する市内の事業者は、以下のとおりである（第１次～第７次分）。
①宮城県葬祭業協同組合グループ１社、②電気供給設備復興支援グループ１社、③再生資源化システムを復旧・復興させるグループ１社、④本場仙台味噌・醤油グループ１社、⑤南三陸地区水産工業復興グループ１社、⑥宮城県酒造協同組合２社、⑦宮城県自動車整備業ネットワークグループ７社、⑧養殖水産資源復興推進グループ１社（合計８グループ、15事業者、883百万円）

資料：気仙沼市「復旧・復興事業の取組状況と課題」2014年１月７日

表2 気仙沼市内事業者の採択状況（第9次〜第10次）

認定次数	グループ名	グループ類型	事業者数	業種（事業内容）
第9次	気仙沼地域産業活性化促進グループ	地域に重要な企業集積型	12	卸売業、小売業、サービス業、製造業
第10次	気仙沼「海の市」復旧・復興促進グループ	地域に重要な企業集積型	4	製造業、卸売業、小売業、観光業
	気仙沼地域の被災事業者の事業再開、被災者への生活再建を支援するグループ	地域に重要な企業集積型	11	金融業、建設業、不動産業、製造業、小売業、情報通信業
	「気仙沼・大島教育旅行誘致協議会」設立と「交流型観光推進」グループ	地域に重要な企業集積型	8	宿泊業、小売業、不動産業

資料：宮城県新産業振興課ホームページから作成。

このことは、二つの意味をもっているといえます。第一に、公募型助成事業の特質を理解し、積極的な補助金獲得運動と申請活動を組織した商工会議所、中小企業家同友会、そして気仙沼本吉民主商工会などの各種経済団体の取組みの結果だといえます。気仙沼本吉民主商工会の千葉哲美事務局長は、このグループ補助事業の拡充要求運動が、制度の持続と拡充、対象業種の広がりを実現したとみています。それだけではありません。宮城県が、二〇一一年九月に、復旧経費に二〇〇万円以上かかった中小企業に復旧経費の半額を補助する県単独事業の創設につながったといいます。さらに、気仙沼市では、民主商工会による小規模業者への支援要請活動の結果、二〇〇万円に満たない小規模復旧投資をして事業再開した業者に対して「被災中小企業再開・継続助成事業」（二〇万円以上の復旧経費に対して定額一〇万円の助成）を創設し、あわせて三五七業者に三五七〇万円の支援がなされています。つまり、中小企業団体の運動によって、国の制度の改善、充実が図られただけでなく、県や基礎自治体の新たな施策を生み出すことにもなったということです（千葉哲美「グループ補助事業と地域経済の再生」岡田知弘・自治体問題研究所編『震災復興と自治体』自治体研究社、二〇一三年）。

もう一つの意味は、逆にいえば、そのような運動が弱かったり、存在しないところでは、潜在的なニーズがありながらも、応募もできない、していない中小企業が多いということです。本来ならば、そのような地域では、行政や産業支援機関の主導による手厚いサポートが必要だといえるでしょう。

2　被災企業の再建に求められるもの

では、いったいどのようなサポートが、被災企業の再建に求められているのでしょうか。ここで再び、Ⅰ部の最後に紹介した中小企業家同友会全国協議会による『被災地企業の実態と要望調査報告書』（二〇一三年一月実施）を活用して、震災二年後の時点での中小企業経営者の皆さんの意向を見てみたいと思います。以下のデータは、すべて何がしかの形で被害を受けた企業に絞り込んで、県別、四大業種別の回答状況もわかるように、クロス集計をしてみたもので、今後の災害対策を考えるうえで大いに参考になるものです。

1　震災後の経営活動に役立ったもの

まず、**表3**は、震災後の経営活動に役立ったものを複数回答で選んでもらった結果です。合計欄によると、最も割合が高いのは「取引先金融機関の対応」であり、三七・八％を占めます。とくに岩手県、製造業で四〇％を超えています。陸前高田の河野さんたちの話と符号します。第二位が「取引先

表3　震災後の経営活動に役立ったもの（複数回答）　(単位：％)

	合計	岩手	宮城	福島	建設業	製造業	流通・商業	サービス業
回　答　数	482	63	207	212	99	113	136	134
合　　　計	100.0	100.0	100.0	100.0	100.0	100.0	100.0	100.0
国の企業復旧支援施策	29.9	33.3	35.3	23.6	21.2	43.4	25.7	29.1
県の企業復旧支援施策	28.2	28.6	26.1	30.2	17.2	38.9	27.2	28.4
市町村の企業復旧支援施策	16.0	20.6	16.4	14.2	18.2	17.7	15.4	13.4
雇用助成金	28.4	36.5	28.5	25.9	25.3	33.6	22.1	32.8
同友会の支援・ネットワーク	19.3	17.5	18.4	20.8	15.2	23.0	22.1	16.4
経営指針の存在	13.9	9.5	18.4	10.8	16.2	11.5	16.9	11.2
ボランティア支援	7.3	12.7	9.7	3.3	5.1	7.1	8.8	7.5
取引先企業の対応	32.6	34.9	37.7	26.9	28.3	34.5	40.4	26.1
復旧に必要な機器の他企業からの提供	6.8	11.1	11.6	0.9	5.1	7.1	5.1	9.7
取引先金融機関の対応	37.8	46.0	37.2	35.8	29.3	42.5	39.7	38.1
そ　の　他	10.4	7.9	14.5	7.1	10.1	13.3	8.8	9.7

資料：中小企業家同友会全国協議会東日本大震災復興推進本部研究グループ『被災地企業の実態と要望調査報告書』2013年５月。

企業の対応」の三二・六％であり、流通・商業では四〇％を超えています。第三位に「国の企業復旧支援施策」の二九・九％が入り、同水準で「雇用助成金」の二八・四％、「県の企業支援復旧支援施策」の二八・二％等、国および県の支援策が並びます。三割弱の企業が施策の恩恵を受けたと認識しているといえます。このグループに次いで一九・三％の「同友会の支援・ネットワーク」、一六・〇％の「市町村の企業復旧支援施策」、一三・九％の「経営指針の存在」が挙げられています。

国・県・市町村の支援策については、県ごと、業種ごとに異なった数値になっています。岩手県では市町村施策の評価がやや高く、宮城県では県の施策評価がやや低くなっていますし、福島県では国よりも県の施策を評価している経営者が多くなっています。業種別にみると製造業が突出しており、金融機関、取引機関の対応を上回る評価を国の施策が得ているほか県の施策評価も高水準になっています。グループ支援事業が初期において製造業中心に採択されたことが反映されていることとも関係していそうです。

なお、「同友会の支援・ネットワーク」や「経営指針の存在」は二割から一割強程度の数字になっていますが、Ⅰ部でも述べたように売上高ＤＩ値が高い企業ほど、この二つの項目の評価が高いことを指摘しておきたいと思います。

2 各種補助金・助成金利用上の問題点

次に、各種補助金・助成金の使い勝手についての回答状況を、表4で見てみましょう。全体合計では、「特に問題がなかった」とする経営者が四分の一近くいますが、やはり運用上の問題点がいくつか浮かび上がっています。第一に、「資料作成が煩雑」とする回答が三九・六％で、岩手県、宮城県では四九％、四四％に達しています。とくに津波被災地では、書類もパソコンも、印鑑も流出した企業が多く、苦労されている経営者が多くいました。次に多いのが「申請期間が短すぎる」の二七・七％、「各種助成事業情報の入手・相談で苦労」の二五・八％でした。これに「助成条件が経営復興の実態に合わない」の一六・六％、「決定までの期間が長すぎる」の一三・九％が続きます。業種別にみると、

表4　各種補助金・助成金利用の問題点（複数回答）　（単位：%）

	合計	岩手	宮城	福島	建設業	製造業	流通・商業	サービス業
回答数	361	41	166	154	70	92	98	101
合計	100.0	100.0	100.0	100.0	100.0	100.0	100.0	100.0
各種助成事業情報の入手・相談で苦労	25.8	24.4	27.7	24.0	27.1	28.3	20.4	27.7
資料作成が煩雑	39.6	48.8	44.0	32.5	30.0	43.5	40.8	41.6
申請期間が短すぎる	27.7	24.4	31.3	24.7	30.0	29.3	27.6	24.8
決定までの期間が長すぎる	13.9	17.1	14.5	12.3	8.6	17.4	11.2	16.8
助成金交付までのつなぎ資金で苦労	8.9	14.6	12.0	3.9	5.7	19.6	6.1	4.0
助成条件が経営復興の実態に合わない	16.6	12.2	19.9	14.3	15.7	17.4	17.3	15.8
縦割り行政で申請窓口が一本化されていない	9.1	17.1	10.8	5.2	12.9	8.7	8.2	7.9
特に問題はなかった	26.0	26.8	20.5	31.8	27.1	21.7	26.5	28.7
その他	9.4	—	13.9	7.1	12.9	8.7	10.2	6.9

資料：表3と同じ。

建設業で「縦割り行政で申請窓口が一本化されていない」が相対的に高いこと、製造業では「助成金交付までのつなぎ資金で苦労」したという回答率が一九・六％とかなり高くなっています。いずれにせよ災害時における相談窓口のワンストップ化、情報伝達の迅速化、資料作成の簡略化と、随時受付と迅速な助成決定と助成金交付が、求められているといえます。

3　事業再開にとって障壁となったこと

今度は、視点を変えて、中小企業の経営者側からみて、事業再開にとって障壁となったことを尋ねた**表5**を検討してみましょう。災害時において、民間の経営者側にとって何が

表5　事業再開の障壁となったもの（複数回答）

（単位：％）

	合計	岩手	宮城	福島	建設業	製造業	流通・商業	サービス業
回答数	444	57	195	192	86	112	124	122
合計	100.0	100.0	100.0	100.0	100.0	100.0	100.0	100.0
施設設備復旧資金の不足	10.4	21.1	13.8	3.6	7.0	16.1	10.5	7.4
運転資金の不足	15.8	15.8	16.9	14.6	15.1	17.0	17.7	13.1
二重ローン問題	7.0	15.8	9.2	2.1	4.7	12.5	6.5	4.1
労働力の確保	29.1	29.8	29.7	28.1	44.2	22.3	22.6	31.1
取引先の確保	11.7	8.8	12.8	11.5	8.1	17.9	9.7	10.7
原材料・部品等の調達	21.8	17.5	28.7	16.1	34.9	28.6	14.5	13.9
事業用地の確保	6.8	8.8	11.3	1.6	1.2	11.6	8.9	4.1
公的支援制度の情報不足	9.9	3.5	10.8	10.9	12.8	8.0	8.9	10.7
上下水道の復旧遅延	11.9	8.8	16.4	8.3	5.8	13.4	11.3	15.6
電力不足・節電問題	11.0	17.5	16.4	3.6	7.0	11.6	8.1	16.4
土地利用計画策定の遅れ	5.9	12.3	8.2	1.6	10.5	6.3	4.8	3.3
原発事故の影響（風評被害を含む）	23.4	5.3	10.3	42.2	12.8	26.8	24.2	27.0
消費自粛	11.0	12.3	9.2	12.5	2.3	9.8	16.9	12.3
行政の対応の悪さ	9.5	10.5	11.3	7.3	15.1	5.4	10.5	8.2
特に支障はなかった	22.3	31.6	18.5	23.4	24.4	19.6	23.4	22.1
その他	5.6	8.8	6.7	3.6	4.7	3.6	6.5	7.4

資料：表3と同じ。

課題になるかということともに、行政側にとっては必要な対策のヒントが込められています。

まず、全体として津波被災地の岩手県、宮城県と原発事故被害が重なった福島県では、かなり様相が異なるということです。福島県で突出して高いのは、「原発事故の影響（風評被害を含む）」であり、四二・二％に達します。この項目を除いた全体傾向を見ると、「労働力の確保」が二九・一％と最も高く、これに「原材料・部品等の調達」の二一・八％、「運転資金の不足」の一五・八％、「上下水道の復旧遅延」の一一・九％、「電力不足・節電問題」と「消費自粛」の一一・〇％が続いています。県別に見ると、岩手県では「二重ローン問題」が一五・八％と高い水準にあるほか、「上下水道の復旧遅延」は宮城県で高く、電力問題は福島県ではかなり低くなっている等、地域性がでています。

業種別にみるとより明確に問題が浮かび上がってきます。建設業においては、「労働力の確保」が四四・二％と突出した高さになっているほか、「原材料・部品等の調達」も三四・九％になっており、復旧工事の本格化による人手不足や資材不足が深刻化している状況がわかります。製造業では原材料や部品の確保とともに、労働力の確保、そして取引先の確保が比較的高い比率になっています。生産停止から再開する過程において当然の課題として浮かび上がったといえます。流通・商業では「消費自粛」、サービス業では「消費自粛」とともに、上下水道、電力などのライフラインの復旧の遅れが比較的高い数値になっています。このように、業種ごとの企業活動の特性、調達先と販売先の違いによって障壁要素が異なっていることに注意を払う必要があるでしょう。

4　今後の復興に向けて必要な施策

最後に、被災地の中小企業経営者が被災二年後の時点で行政に求めていた施策を、表6で見てみます。県別、業種別の差違があるものの、最も多いのは四四％前後を占める「被災企業の税制優遇策」と「雇用支援策の継続」でした。これに、「人口流出防止策」の四〇・六％が続いています。とくに人口

[2] 被災企業の再建に求められるもの

表6　今後の復興に向けて必要な施策（複数回答）

（単位：％）

	合計	岩手	宮城	福島	建設業	製造業	流通・商業	サービス業
回　答　数	488	63	209	216	103	110	136	139
合　　　計	100.0	100.0	100.0	100.0	100.0	100.0	100.0	100.0
上下水道・交通などのインフラ整備	16.4	20.6	19.6	12.0	25.2	12.7	14.7	14.4
地盤沈下地域の早期復旧	17.8	19.0	28.2	7.4	24.3	13.6	19.1	15.1
雇用支援策の継続	43.4	54.0	45.9	38.0	35.9	47.3	41.2	48.2
被災企業の税制優遇策	44.5	34.9	47.4	44.4	43.7	45.5	42.6	46.0
地域企業を中心にした新産業創出（再生エネルギーなど）	31.6	39.7	31.1	29.6	29.1	35.5	32.4	29.5
金融円滑化法終了後の金融対策	27.0	23.8	34.0	21.3	25.2	35.5	26.5	22.3
二重ローン問題の解決	8.8	14.3	13.4	2.8	9.7	12.7	8.8	5.0
企業誘致策	15.6	20.6	12.4	17.1	14.6	10.0	14.7	21.6
人口流出防止策	40.6	50.8	25.8	51.9	36.9	30.9	41.2	50.4
そ　の　他	10.2	4.8	9.1	13.0	8.7	10.0	12.5	9.4

資料：表3と同じ。

流出への懸念は、福島県、岩手県の両県およびサービス業、流通・商業において強く表明されていることが注目されます。原発災害の長期化と被曝を忌避しての人口流出による市場収縮は、とくに最終消費者を顧客としている小売業やサービス業、住宅建設業にとって深刻な問題になってきているといえます。復旧から復興段階に進行するなかで、このような悪循環を断ち切り、産業復興と被災者の生活再建を、いかに被災自治体のなかで意識的に結合するかが重要な課題になっているかがわかります。

他方、行政に求める施策では、「地域企業を中心にした新産業創出（再生エネルギーなど）」が三一・六％と第四位になっており、とりわけ岩手県および製造業において意欲的な企業が多いことがわかります。「金融円滑化法終了後の金融対策」については二七%となっており、業種的には製造業で比較的高くなっています。

被災二年後の時点において、被災地のなかでの住宅再建、住民の生活再建がなされていないこと、海岸部の工業団地における嵩上げ工事や復旧工事が進捗しないために製造業での再建の設備投資がなされていない状況の下で、人口定住問題や顧客の確保、そして生産や事業再開が軌道に乗るまでの間の金融、税制上の特別措置が必要になっていることがわかります。と同時に、地元企業による再生可能エネルギーなど新事業への参入・起業支援についても、比較的多くの経営者が取り組む姿勢をもっていることから、ニーズに合った支援策を準備しておくことも求められています。

3 迫り来る大災害に備えて

ここまで、東日本大震災を経験した岩手県、宮城県、そして福島県の中小企業家たちが、人生最大の危機に直面し、その危機を乗り越えて、自らの家族、家族と同様のつながりのある社員の生命と生活を守り、さらに自分の仕事を通して、顧客である住民や取引先、仲間の経営者が日常生活を送ってきた地域社会再建にもいかに積極的に取り組んできたかを述べてきました。その際、国や地方自治体の支援策がどれほど有効であり、いかなる点で活用上の問題があるのか、さらに事業再開における課題や復興施策への要望も中小企業家同友会の調査をもとに明らかにしました。

最後に、どの地域においても迫りつつある大災害の危機に備えて、どのような対応が中小企業経営者、地方自治体に求められているのか、とりわけ両者の戦略的連携のあり方について、述べていきたいと思います。

1　経営者の危機管理と日常的な地域づくりへの参加

「災害は忘れた頃にやってくる」というのは寺田寅彦が残した有名な言葉です。日本列島全体が活動期に入ったといっても、「自分のところは大丈夫だ」と思い込んでいる人が多いのではないでしょうか。陸前高田の河野さんや気仙沼の清水さんの話をうかがうと、毎年、会社として避難訓練をしていたとのことでした。そのために、社員の皆さんの命を守ることができたといえます。

ところが、福島県相双地区の皆さんのお話を聞いたり、読んだりすると、近年の津波被害があまり大きなものではなかったことや、原発の安全神話もあり、「想定外の惨事」だったという感想が多く寄せられていました。

そのうえで、平時から過去の災害の教訓を言い伝えること、会社としての避難訓練をしておくことが重要だという声が出されていました。地域の災害史を知ることは、学校教育のところから開始する必要があります。「釜石の奇跡」として注目されたように、子どもたちが「津波てんでんこ」の言い伝えを実践し、それぞれが安全な場所に避難し、犠牲者を最小限に抑えることができた経験があります。地域の災害史や災害マップを、学校教育とともに社会教育の一環として常に情報提供し、学びあうことが住民と行政の協働の仕事として必要であると言えます。

このような避難訓練とは別に、避難時から生活再建、事業再建に至る過程においては、地域社会における人間関係の深浅が強く関係します。日常的に地域の祭りや行事、自治会活動に関わっている場合、相互に顔がわかり、得手不得手もある程度知っているので、災害対応時の初期段階においては、そのチームワークがあるからこそ、瓦礫処理、水や食料品、生活必需品の確保や配給、そして時にはお祭りや楽しいイベントによる元気づくりにすぐに力を発揮することができるのです。逆に、そのような取組みがなされていないところでは、被災地での関係性づくりそのものが、大きな障害であり、時間と労力がかかるものになってしまい、それだけ個々の生活・事業再建も、地域社会全体の復興も遅れてしまうのです。だからこそ、地域において多様な業種が存在し続けることが地域社会にとって安全確保の第一の条件になるといえます。

中小企業家同友会の会員さんは、地域貢献をミッションの一つとして共通の目標としていますので、元々その水準が高いといえますが、同会に入っていない経営者でも地域に密着してコミュニティ活動や消防団に関わっている人が少なくありません。地域貢献を志向する経営者を地域のなかで増やしていくことが大事であるわけです。福島県相双地区の同友会の会員さんが、震災後、できるだけ地産地消を心掛けて、地元の企業から購入するようになったと語っていましたが、そのような地域内取引を日頃から行っていくことが大切なのです。

2 中小企業団体と自治体の防災協定

いざ災害が起きたとき、誰もが自分が住む地方自治体を頼ろうとします。憲法と地方自治法によれば、本来、地方自治体は、国とともに住民の命と生存、生存のための財産権を保障する責務がありま す。ところが、地方自治体の多くは、小泉構造改革以来、合併によって巨大な面積を有するようになったうえ、三位一体の改革にともなう地方交付税交付金の大幅削減により公務員の削減をしなければならなくなり、できるだけ民間化、市場化をするように誘導されてきました。

東日本大震災の被災地を歩いてみると、合併して町役場や村役場がなくなってしまい、支所になり、人員も行財政権限も、住民の代表権も大幅に縮小されてしまった周辺部ほど、罹災時において安否確認ができなかったり、救援物資を配給できなかったり、あるいは復旧、復興計画づくりや事業化が遅れてしまうという問題を生み出していました。合併と市場化政策によって、災害に弱い地域が広がってしまったのです。

そのようななかで、陸前高田で田村さんや河野さんたちが行ったように、あるいは相双地区の多くの業種の経営者が積極的に関わったように、地域の中小企業者が救援、避難、緊急工事に積極的に参加し、危機の時間を乗り切ったことに改めて注目したいと思います。自治体業務の市場化が進められてきましたが、そのなかで仕事を請けるのは民間の企業であり、災害時ほど地元企業の果たす役割や能力が高いのです。例えば、福島県相双地区で典型的に表れていましたが、大型量販店が店を閉めるなかで被災者に食料品や水、灯油を供給したのは地元スーパーや商店街の個店でした。あるいは大手の警備会社が避難するなかで、避難地域の安全を確保したのは、地元の警備会社でした。このような事実を見るとき、地方自治体と地元の各種経済団体との間で、いざという時に備えた防災協定を結ぶことが必要不可欠になっています。

とくに阪神・淡路大震災以後、防災協定は土木建設業だけでなく、商店街組合や燃料販売の組合等幅広く結ばれるようになってきました。地域社会は、多様で複雑な社会的分業の集合体です。自治体側からみると、地域の持続可能性を保障する産業構造を実体として掴む作業であり、個々の業種の社会的有用性を、自治体だけでなく、当該の業種別協同組合や商店街組合、商工会、商工会議所、そして中小企業家同友会のような各種経済団体自身が再発見することでもあります。

地方自治体のなかでも災害時に困難を来すのは、大規模自治体や人口が多い大都市部の自治体です。観光都市であれば、観光客も災害に遭遇します。しかも、大規模自治体ほど、面積あたり、あるいは人口あたりの公務員数や役所の密度が低くなります。そのような自治体においては、政令市でいえば最低区役所レベルで、地域の産業や住民の生活全体を把握し、いざというときに災害対応するための情報網と意思決定できる仕組み、それを保障する財源と人員配置が求められます。仙台市若林区では、荒浜地区などで大きな被害が出ましたが、もし区役所支所の統合・廃止がなければ、犠牲者はもっと少なかっただろうという指摘も地元ではなされていました。

現在、広域都市や政令市では、地域自治組織をつくり、そこに住民の代表組織、地区事務所、そして一定の行財政権限を認めることが地方自治法上、可能になっています。この制度を生かして、新潟県上越市では昭和旧村単位で地域自治組織をつくり、公募公選制で住民の代表が地域協議会を構成し、一定の財源をハード事業、ソフト事業で使えるような仕組みをつくっています。政令市では、新潟市などで区レベルに地域自治組織をつくり、住民が参画できる仕組みにするとともに、区役所の業務も地域の実情にあった形で人員・財源の配分がなされています（詳しくは、西村茂編『住民がつくる地域自治組織・コミュニティ』自治体研究社、二〇一一年を参照してください）。

このような住民の生活領域に近い単位で地域自治組織をつくり、そこで住民の代表が地域協議会を構成し、その地域に関わる行財政権限を行使できる行財政体制が整えることができれば、日常的に住民の生活向上に直接結びつく施策を、産業面から福祉医療面、環境面にいたるまで小規模自治体と同様に一体として効果的に立案、運用することがある程度できます。そして、いざ災害が起きたとしても現場に近いところで即時に対応することができるでしょう。災害の時代だからこそ、このような新しい形での団体自治と住民自治の再結合が求められているといえます。

3　公共調達と官公需適格組合の活用

中小企業と地方自治体との関係をより強化できる仕組みとして官公需適格組合制度があります。この制度は、一九六六年に制定された「官公需についての中小企業者の受注の確保に関する法律」に基づくもので、もともと中小企業育成政策のひとつです。一口にいえば、中小企業の事業協同組合が官公需を共同受注しやすくするための制度です。官公需適格組合というのは、官公需を共同受注し完全に実施できる体制が整備されていることを、中小企業庁が証明した事業協同組合のことです。二〇一五年末時点で、全国で八一八の官公需適格組合があります。これらの組合は、国や地方自治体が発注する工事、物品、役務について当初は指名競争入札や特命随意契約によって、優先的に事業を受注することができました。

ところが、経済のグローバル化の進行とともに新自由主義的な競争政策が公共調達分野にも持ち込まれ、行財政改革のなかで一般競争入札や電子入札が急速に拡大し、ＷＴＯ（世界貿易機関）の発足により一定額以上の公共調達については国際入札が義務付けられることになりました。この結果、官公需適格組合が受注できる仕事は大きく減少することになり、組合数も、組合に参加している企業数も停滞あるいは減少する地域が増えていきました。

しかし、東日本大震災を機に新たな動きが官公需適格組合内部で生まれてきました。京都府官公需適格組合協議会では、参加組合と岡田研究室とが一緒になり「公共調達における官公需適格組合のあり方研究会」をつくり、全国の先進的な組合を調査し、これからの官公需のあり方を問題提起する報告書をまとめました（二〇一三年三月）。そこでは、官公需適格組合が国や地方自治体から系統的に受注している要因として、例えば上下水道の二四時間管理など住民の生活や地域の産業を専門の仕事で支えるという地域貢献活動がしっかりとなされたり、自治体に再生可能エネルギー事業を提案するような技術力を蓄えていること、それらを通して地域経済や社会の担い手として社会的認知を受けていることなどを見いだしました。あるいは、千葉県の建設業関係の協同組合では、東日本大震災時に液状化が起こった地域に自主的に簡易トイレを配置し、住民と自治体に感謝されたことが契機となり、ジョイントベンチャーでの公共事業を受注することができたという事例もありました。京都府内の官公需適格組合でも、自治体と防災協定を結んだり、地域社会への貢献活動をするところが増えており、この方向を強めることが重要であるという報告内容でした（京都府官公需適格組合協議会・京都大学岡田知弘研究室『公共調達における官公需適格組合のあり方研究会調査報告書』二〇一三年三月）。

この調査報告書は、全国の協議会でも注目されることになり、二〇一四年六月に京都市内で開催された全国官公需適格組合協議会において「京都宣言」が採択されることになります。同宣言は、前文で「官公需適格組合は、地域経済を支える中心主体であることを自覚し、地域・住民・環境などのより広い視点に立ち、地域の専業者集団として、事業を通じて地域内再投資力を強化することにより、地域の持続的発展に寄与するとともに、外部経済環境の変化に強い地域経済の構築に努めることを、ここに宣言する」と謳い、以下の五項目をあげています。

一　地域視点、住民視点の官公需適格組合への転換
二　事業を通じた地域住民・社会への貢献
三　地域経済活性化、地域内再投資力強化の取組

四　地域貢献活動の展開
五　官公需適格組合及び協議会の機能強化と都道府県団体と連携

このうち、四の項目には、「官公需適格組合は、中小企業団体としての特徴を生かし、中小企業振興基本条例、公契約条例の制定、防災協定の締結や各種地域主催行事への参加に加え、より俯瞰的な視点に立ち、地域経済・社会全体の発展を目指す」とされていました。

つまり、官公需適格組合だから仕事をよこせという姿勢から脱却し、国によって適格認証をうけ、事業面で優れた技術力と専門性が発揮できるうえ、防災をはじめとする活動を強めることで地域社会に貢献するだけでなく、地域内再投資力の担い手のひとつとして地域経済を活性化することに取り組んでいるからこそ、自治体や国と連携しながら官公需の仕事を積極的に担うことができると高らかに宣言したのです。

実際に北海道では、とくに冬場において道路、水道、石油供給等のライフラインの維持管理は、住民の命に関わる問題であり、地域のことをよく知り、官公需適格組合資格をもつ事業協同組合に優先的に発注する取組みができています。しかしそれらの組合は決して公共事業のみに依存しているのではなく、それ以外の分野で組合として、あるは個別企業として、民需向けの独自の事業も展開していています。公共調達分野は、これらの組合や企業にとっては、公共性が高い仕事の「共同受注」だといえます（京都府電気工事工業協同組合『平成二六年度中小企業活路開拓調査・実現化事業報告書』二〇一五年二月）。

適格組合は、公共調達分野に関わる分野の事業協同組合であれば、その資格要件を満たすことで、中小企業庁の適格認証を受けることができます。その事業分野は、土木建設だけでなく、ビルメンテナンス、測量、管工事、水道、電気工事、生コン、石油卸、ガス供給、ソフトウェア、リサイクル、書店、文房具、印刷などなど、実に多岐にわたります。これは、地方自治体や政府機関による発注が、地域の多様な産業からなされるとともに、その多くの仕事が公共性をもつことを意味するだけでなく、それが災害時において大きな力を発揮するということを意味しています。

例えば、気仙沼市と南三陸町では、東日本大震災にともない生コンの官公需適格組合間共同がなされて、新たに気仙沼地区生コンクリート卸商協同組合が設立され、通常の三倍に達する復興需要に応える態勢をつくりました。愛媛県では、県石油商業組合が二〇一五年に新たに官公需適格組合の資格を得ました。たまたま、同組合の理事長さんとお話をする機会があったのですが、この組合はガソリンスタンド業者の組織です。東日本大震災で、石油商業の適格組合があった県となかった県との間で、緊急車両や一般車へのガソリンの安定供給に大きな差異があったことを知り、県内で減り続けるガソリンスタンドを放置していては、災害時に大きな問題が起きるだろうと考え、平常時からの積み上げがあればこそ非常時の対応ができるとして、地域に根差した給油所網の整備と行政との連携が必要であると考えたとのことでした。このような形で、公共調達に関わる多様な分野の中小企業を事業協同組合として組織し、そこが地域貢献型の官公需適格組合の認証を受け、日常的に行政が発注契約を結ぶようにすれば、非常時対策だけでなく、日常的に地域経済・社会の維持・発展が図れるようになるということです。

4　自治体と中小企業集団との戦略的連携
――公契約条例と中小企業振興基本条例

そこで問題になるのは、福島県相双地区の建設業者から問題が指摘されていた公共労賃単価の安さや低価格入札です。これでは、官公需適格組合認証を受けても、事業協同組合に入っている企業の経営の維持も社員の安定雇用もままなりません。とりわけ日本では、行政改革のなかで、公共調達についても「安ければいい」ということで、建設工事や物品、役務（サービス）調達をしてきました。この結果、地元の中小企業は入札にも参加できず、地域外の大手資本が受注し、貴重な地方自治体の財源が域外に流出するだけでなく、そこで雇用されている従業員の賃金も労働条件も引き下げられ「官製ワーキングプア」という言葉さえ生まれてしまいました。

しかも、短期契約が増えてしまい、工事にしろ、請負サービスにしろ、公共サービスの質の劣化が問題視されるようになってきています。まさに、「安物買いの銭失い」という状況になっているといえます。

このような事態から脱却するために、いま公契約条例やそれに準じた理念条例を制定する動きが急速に広がっています。公契約とは、国や地方自治体がその行政目的を達成するために民間企業や民間団体と結ぶ契約ですが、前述の公共調達はこの公契約によってなされています。

もともと、イギリスやフランスでは早くから行政機関による公契約では適正賃金が保障されなければならないとする独自の規制策があり、これが一九四九年にＩＬＯ（国際労働機関）九四号条約として国際的なスタンダードとなっていきました。ところが、日本政府は、この条約を今も批准していません。このため、前述したように公的機関であるにもかかわらず「安ければいい」という競争入札重視の公共調達を行い、地域の企業の経営や労働者の生活を圧迫し、公共サービスの質を劣化させ、さらに地域経済全体を縮小させるという悪循環を生み出していったのです。本来、国が率先して公契約法を制定すべきなのですが、これまでの政府はそれを行いませんでした。そこで、二〇一〇年に初めて、千葉県野田市で公契約条例が制定されることになりました。市が定める最低の賃金以上でなければ一定額以上の工事や請負サービスの入札に参加できない仕組みをつくったのです。条例は自治体ごとに多様な内容となっていますが、二〇一五年末までに二九の自治体で制定をみています。

なお、条例までいかなくとも、公共事業において総合評価方式によって地域貢献度を測る指標を入れたり、神奈川県のように工事入札制度に工夫を設けることで地元中小建設業を指名競争入札する制度を生み出している自治体が生まれています。神奈川県では、二〇一四年度から原則として土木事務所等管内に本店・支店を置く業者（工事［工事系委託は県内本店］）を対象に「いのち貢献度指名競争入札」制度を試行し、一五年度からそれを拡充しています。とくに、重機をもつなど、災害時に活躍してもらいたい地元建設業者を選定するために、従来の実績に加えて、社会貢献企業（災害協定等締結業者）または優良工事施工業者であること、地域近接性などを評価項目に入れて、入札参加有資格者を選定し、そこで指名競争入札するという仕組みです。官公需適格組合は組合単位での取組みですが、このような制度や公契約条例は、個別の中小企業への発注にも活用できるものです。

さらに、非常時対応だけでなく、それに備えながら平時から地域経済や住民の暮らしを担う中小企業、小規模企業を育成し、住民の福利の向上を図るための中小企業振興基本条例あるいは地域経済振興基本条例の制定も、震災後に大きく増えました。現在、一八五自治体が制定しています。とくに道府県レベルでは三八に達しており、ほとんどの道府県が制定してきています。この条例は、これまでのように補助金支出や減免税の根拠条例ではなく、地域づくりを担う中小企業や小規模企業の地域経済、社会、地域文化、そして国土保全に果たす役割を評価し、それらの健全な発展を図ることを目的としています。大方の地域では企業の九九％が中小企業であり、従業者の七割～九割が中小企業で働いており、家族を入れれば圧倒的多数の住民がその関係者でもあります。条例では、住民全体の生活の向上をはかるために、特定の中小企業ではなく、地域の中小企業全体（そのなかには、福祉施設や農業法人を入れている自治体もあります）を元気にするために自治体が制定した「地域産業政策の憲法」であるといえます。そこでは、中小企業や行政の役割だけでなく、大企業の役割、大学や試験研究機関の役割、そして住民や学校教育の役割も入れているところがあります。二〇一二年の愛知県条例以来、金融機関の役割を明記するところが増えているのも大きな特徴ですし、前文で、地域内経済循環や農商工連携を地域づくりの目標として掲げている自治体も増えています（詳しくは、岡田知弘他『増補版　中小企業振興条例で地域をつくる』自治体研究社、二〇一三年、を参照してください)。この条例を活用して、例えば横浜市では、毎年、実績報告書が議会で報告され、その内容はホームページでも公開されています。そのなかには、各施策の内容と実績だけでなく、契約部署別に、工事、物品、役務調達のうちどれだけを地元中小企業に発注したかを過去五年にわたって比較できるように公表しています。これによって、市役所内部でどれだけ地元経済に貢献したかを競うようになったと聞いています。日本最大の基礎自治体でさえ、このようなことができるのですから、多くの自治体でその貴重な財源を生かして、地域経済の重要な再投資主体としての地方自治体の役割を発揮してもらいたいと思います。

この間、東日本大震災被災地においても、中小企業振興基本条例の制定が相次いでいます。岩手県、宮城県、仙台市で二〇一四年以降に条例が制定され、福島市では旧条例を廃止し、一五年末に新基本条例の制定がなされました。また、現在、宮城県内の南三陸町はじめいくつかの自治体で条例制定の動きがあります。岩手県においては同時に、公契約に関わる基本条例も制定されています。被災地だからこそ、地元中小企業の役割と自治体との戦略的連携が自覚化された結果だといえます。

他方で、二〇一五年一二月に施行されたばかりの島根県中小企業・小規模企業振興条例において、防災に関わる条項が盛り込まれたことも注目されます。すなわち、第一七条に「災害発生後における支援」という見出しの下、「県は、地震その他の災害の発生後においても、中小企業・小規模企業が速やかに復旧・復興を図り、事業を継続することができるよう必要な施策を講ずるものとする」と盛り込まれたのです。このような形で、中小企業振興基本条例と防災を意識的に結合する方向が新たに生み出されてきているのです。

ところが、以上のような自治体と地元中小企業集団との戦略的連携に水をさす動きがあります。それがTPP（環太平洋連携協定）です。TPPは、地域農業にとって脅威になるだけではありません。あらゆる工業製品やサービスの貿易の関税と非関税障壁の撤廃を行うことを最終目標にしています。そのため、地方自治体を含む政府調達の項目では、現状のWTO基準での国際調達義務（都道府県、政令市が対象）を、発効三年後に見直すことを約束しています。現行のTPP（シンガポール、ニュージーランド、チリ、ブルネイ）においては、工事で六億三〇〇〇万円以上、物品・サービス調達では六三〇〇万円以上については圏域内企業と自国企業とを差別してはならないことになっており、最終的にこの水準まで対象が拡大する可能性があります。だとすれば、一般市町村にも拡張されることになるのです。

また、投資の条項を読むと、進出してくる企業に対してローカルコンテンツ規制をしてはならないという内容がでてきます。原材料や雇用の現地での調達や地域貢献を求めることができないということです。

もしこれらに反して地元優先発注をした場合、利益を損なわれたと考える外国の企業は国際紛争処理パネルに訴えることができます。それによって多額の賠償金や法令の改廃を求めることができるISD（投資家と国家の紛争処理条項）も設けられました。

さらに、いったん規制緩和した場合、いかなる社会問題が起きたとしても再び規制を強化することができないというラチェット条項も入りました。これでは、自治体が地域経済を発展させることができないばかりか、国家主権も地方自治権も空洞化することになってしまいます。

アメリカでは、ＴＰＰに反対する声が高まり大統領選挙では有力候補者がいずれもＴＰＰに反対すると表明し、議会での批准の見通しが立っていません。したがって日本においても急いで批准する必要はなく、むしろ甘利元担当大臣の下で行われた秘密交渉のなかで、何がどこまで約束され、それが地域経済や自治体、主権者である住民にいかなる影響を与えるかを、根拠をもって明らかにし、そのうえでＴＰＰの批准の是非をまず検討すべきです。

と同時に、国が仮に条約を批准したとしても、地域の住民の暮らしを守るために、発効前に中小企業振興基本条例や公契約条例を制定しておくことが急がれます。発効後にそのような条例を制定することは条約に抵触するのでできませんが、今であれば憲法上、問題ありません。むしろ条例制定の議論の過程でＴＰＰの本質を多くの議員や住民が知り、批准を止める力になります。あるいは万が一、条約が発効したとしても、再交渉や事後協議のなかで政府調達の範囲を拡大させないような力をつくることにもつながります。

ぜひ、条例制定とその運用を軸にしながら、現下の災害とグローバリズムの嵐の時代を乗り切る地域経済や社会を、地方自治体と中小企業の戦略的連携を強めることで、全国のあらゆる地域でつくりあげてもらいたいと思います。

あとがき

「被災地のために何かできることはないか」。

震災後、多くの方がこうした思いをもって被災地に入りました。私もそのうちの一人です。一方で、被災された方にはどんな言葉をかければいいのだろう、そんな不安も抱えていました。

しかし、実際被災地に行き、被災された方々に会ってみると、そんな不安は全くなくなりました。被災地に行った人はみな口を揃えてこう言います。

「自分たちのほうがパワーをもらった気がする」と。

震災によって仕事を失った人、家を失った人、大切な人と別れなければならなくなった人など、困難な状況に陥った人はたくさんいます。国や自治体からの支援を必要としている人がまだまだ存在するのが現状です。ただ、だからといって被災地に未来がないかというと、私は決してそう思いません。自分たちで未来をつくろうというパワーは、間違いなく非被災地の人よりも強く、一〇〇年後、一〇〇〇年後を見据えて地域を考えている人が圧倒的に多く存在しています。今回本書で紹介したような、地域や社会のことも考えて活動する中小企業経営者も然りです。また、社会的課題の解決を図ることで事業・雇用をつくる「ソーシャルビジネス」が生まれる土壌づくりも進んでおり、起業家精神に溢れる人材が日本中から集まってきています。

そして、こうした大人たちの背中が、地域の若い世代にも良い刺激を与えているのです。被災地の高校生の中には、課外学習として地域活性化の取組みに関わり、地域のために今の自分ができることを考え、実践している学生が多くいます。将来地域に貢献できる人材になるのだと、目的意識をしっかりもって大学に進学していく学生も少なくありません。

現在、日本で明日どうなるか分からないと不安に思いながら生きている人がたくさんいます。一方、明日をつくるしかないという覚悟をもって生きているのが被災地の人々です。大人も子どもも関係なく、あらゆる世代が地域の将来のために自分に何ができるのか考えている、これほどパワーに溢れた地域は日本中どこを探しても見つかりません。これこそが、被災地を訪れる人を驚かせ、元気を与える秘訣なのです。ぜひ一人でも多くの方に、実際被災地を訪れてそのパワーを直接感じていただければと思います。きっとこれからの日本にとって必要なものが見えてくるに違いありません。

最後になりますが、本書を執筆できたのも、お忙しいなか数回にわたるインタビューに快く応じてくださり、震災当時の様子を詳しくお話してくださった田村満様、河野通洋様、清水敏也様、村上力男様、斎藤和枝様、小野寺紀子様のおかげです。この場を借りてお礼申し上げます。また、執筆の機会と丁寧かつ熱心なご指導をいただきました岡田知弘先生、少しでも読みやすくなるようにアドバイスをくださった自治体研究社の寺山浩司さんにも、心から感謝の気持ちとお礼を申し上げたく、謝辞にかえさせていただきます。

二〇一六年三月

秋山いつき

[著者紹介]

岡田知弘（おかだ・ともひろ）

1954年、富山県生まれ。京都大学大学院経済学研究科博士後期課程退学。
岐阜経済大学講師、助教授を経て、現在、京都大学大学院経済学研究科教授、自治体問題研究所理事長。
主要著書
『地域づくりの経済学入門』自治体研究社、2005年
『山村集落再生の可能性』（共著）自治体研究社、2007年
『一人ひとりが輝く地域再生』新日本出版社、2009年
『増補版　道州制で日本の未来はひらけるか』自治体研究社、2010年
『震災からの地域再生』新日本出版社、2012年
『増補版　中小企業振興条例で地域をつくる』（共著）自治体研究社、2013年
『原発に依存しない地域づくりへの展望』（共編）自治体研究社、2013年
『震災復興と自治体』（共編）自治体研究社、2013年
『〈大国〉への執念　安倍政権と日本の危機』（共著）大月書店、2014年
『地方消滅論・地方創生政策を問う〈地域と自治体第37集〉』（共編著）自治体研究社、2015年
『核の世紀　日本原子力開発史』（共編）東京堂出版、2016年

秋山いつき（あきやま・いつき）

2013年、京都大学公共政策大学院修了。
五星パブリックマネジメント研究所特任研究員を経て、現在、東京リノベーション起業研究会代表として、「継承×仕事づくり」という新しい起業の在り方を広める活動を行い、島根美郷舎の代表として島根県美郷町の活性化や産業創出に携わっている。

災害の時代に立ち向かう
——中小企業家と自治体の役割

2016年4月25日　初版第1刷発行

著　者　岡田知弘・秋山いつき
発行者　福島　譲
発行所　㈱自治体研究社
〒162-8512 新宿区矢来町123　矢来ビル4F
TEL：03·3235·5941／FAX：03·3235·5933
http://www.jichiken.jp/
E-Mail：info@jichiken.jp

ISBN978-4-88037-651-6 C0036　　印刷：トップアート

自治体研究社

震災復興と自治体
——「人間の復興」へのみち

岡田知弘・自治体問題研究所編　本体3400円

農漁業の拠点化・市場化、TPPの推進、原発再稼働に抗し、住民と自治体による「暮らしと生業再建最優先」の復興政策＝人間の復興をめざす。

増補版　中小企業振興条例で地域をつくる
——地域内再投資力と自治体政策

岡田知弘ほか著　本体2100円

自治体の力を活用し、元気な地域をつくる政策（中小企業振興条例）のあらましと、墨田区・帯広市・吹田市・千葉県などの実際の取組を紹介。

地方消滅論・地方創生政策を問う
[地域と自治体第37集]

岡田知弘・榊原秀訓・永山利和編著　本体2700円

地方消滅論とそれにつづく地方創生政策は、地域・自治体をどう再編しようとしているのか。その論理と手法の不均衡と矛盾を多角的に分析。

地方自治のしくみと法

岡田正則・榊原秀訓・大田直史・豊島明子著　本体2200円

自治体は市民の暮らしと権利をどのように守るのか。憲法・地方自治法の規定に即して自治体の仕組みと仕事を明らかにする。[現代自治選書]

新しい時代の地方自治像の探究

白藤博行著　本体2400円

道州制が囁かれる今、住民に近い自治体でありつづけるための「国と自治体の関係」を大きく問い直す論理的枠組みを考える。[現代自治選書]

社会保障改革のゆくえを読む
——生活保護、保育、医療・介護、年金、障害者福祉

伊藤周平著　本体2200円

私たちの暮らしはどうなるのか。なし崩し的に削減される社会保障の現状をつぶさに捉えて、暮らしに直結した課題に応える。[現代自治選書]